名詞句とともに用いられる「こと」の談話機能

ひつじ研究叢書〈言語編〉

第 89 巻	日本語形態の諸問題	須田淳一・新居田純野 編
第 90 巻	語形成から見た日本語文法史	青木博史 著
第 91 巻	コーパス分析に基づく認知言語学的構文研究	李在鎬 著
第 92 巻	バントゥ諸語分岐史の研究	湯川恭敏 著
第 93 巻	現代日本語における進行中の変化の研究	新野直哉 著
第 95 巻	形態論と統語論の相互作用	塚本秀樹 著
第 96 巻	日本語文法体系新論	清瀬義三郎則府 著
第 97 巻	日本語音韻史の研究	高山倫明 著
第 98 巻	文化の観点から見た文法の日英対照	宗宮喜代子 著
第 99 巻	日本語と韓国語の「ほめ」に関する対照研究	金庚芬 著
第 100 巻	日本語の「主題」	堀川智也 著
第 101 巻	日本語の品詞体系とその周辺	村木新次郎 著
第 103 巻	場所の言語学	岡智之 著
第 104 巻	文法化と構文化	秋元実治・前田満 編
第 105 巻	新方言の動態 30 年の研究	佐藤髙司 著
第 106 巻	品詞論再考	山橋幸子 著
第 107 巻	認識的モダリティと推論	木下りか 著
第 108 巻	言語の創発と身体性	児玉一宏・小山哲春 編
第 109 巻	複雑述語研究の現在	岸本秀樹・由本陽子 編
第 111 巻	現代日本語ムード・テンス・アスペクト論	工藤真由美 著
第 112 巻	名詞句の世界	西山佑司 編
第 113 巻	「国語学」の形成と水脈	釘貫亨 著
第 116 巻	英語副詞配列論	鈴木博雄 著
第 117 巻	バントゥ諸語の一般言語学的研究	湯川恭敏 著
第 118 巻	名詞句とともに用いられる「こと」の談話機能	金英周 著
第 119 巻	平安期日本語の主体表現と客体表現	高山道代 著

ひつじ研究叢書
〈言語編〉
第118巻

名詞句とともに用いられる 「こと」の談話機能

金英周 著

ひつじ書房

序

広島大学大学院教育学研究科
教授　酒井　弘

　ねえ、ちょっと。そこの栓抜きとって。
　栓抜き？　ああ、これノコトか。

　日本語の話し言葉を注意深く観察すると、この例のように、名詞句に一見なんの意味も持たない「～のこと（ノコト）」が加えられた形が頻繁に現れることに驚かされる。多くの場合、このようなノコトを取り去っても、文の意味は変わらない。しかし、ノコトを取り去った発話は、どこかぶっきらぼうで、ぎこちないように感じられる。そしてノコトを加えた方が、より「日本語らしく」聞こえる。いままでの研究には、このようなノコトについて意味論や統語論の観点から扱ったものはあっても、なぜ、どうして、ノコトが付加されるのかという疑問に正面から答えようとしたものは見られなかった。本書は、この難問にチャレンジし、簡潔で明確な答えを見いだした初めての試みである。ノコトは談話において、話し手と聞き手が「知らないこと」と「知っていること」を結びつける際に使用される、「知識管理」の標識であるというのが、その答えである。本書で扱われる次のような例は、談話における「知識管理」とはどのようなことか、わかり易く教えてくれる。

　チョバップって、なに？
　スシのことだよ。

　この例から、まず、日本語の談話では、「チョバップ（韓国語でスシの意）」のような話し手（または聞き手）が知らない表現を談話に導入する際に、名詞句に「って（トイウノ）」を付加して「知らないこと」を示す必要があることがわかる。続いて、それは何かを尋ねる質

問の答えとして、話し手と聞き手がともに知っている「スシ」という表現が導入される。その際に、名詞句にノコトが付加されていることから、ノコトは「知っていること」を示す標識だということがわかる。本書の主張によれば、日本語はこの例が示すように、話し手と聞き手の知識状態に極めて敏感な言語であり、トイウやノコトのような標識が存在することは、日本語の話し言葉のユニークな特徴の一つである。

このように、本書の最大の特徴は日本語の話し言葉に対する鋭敏で精緻な観察であるが、理論的な定式化もおろそかにされていない。ノコトの談話機能を「知識管理」の概念を用いて説明するために、メンタルスペース理論が採用されている。ただし、本書における理論化の目的は、観察された事実を明示的にわかり易く述べるためであって、いたずらに理論の厳密性を追求するものではない。メンタルスペース理論という枠組みを採用することは、本書の目的からみて、わかり易さと正確性を絶妙なバランスで両立させる適切な選択だったと言えるだろう。

本書はまず、話し言葉の語用論的研究に関心をもつ日本語研究者にとって、これまでにまとまった研究が存在しなかった名詞句とともに用いられるノコトに関して、その全体像を初めて示す貴重な文献となるだろう。さらに、日本語学習者に日本語らしく自然な話し言葉を身につけてほしいと願う日本語教育関係者にも、利用価値が高いと考えられる。そして、日本語という言語の特徴について、他言語との比較の上で考える対照言語学研究者にも、一読することを勧めたい。特別な背景知識を必要とせず、日常言語を観察することの面白さを感じ取ってもらえることから、これから言語学研究の道に分け入っていこうとする学生諸君にも、格好の道しるべとなるであろう。

本書の著者である金英周博士は、韓国の慶北大学校大学院において日本語学に関する基礎的研鑽を積んだ後、日本に留学して広島大学大学院において言語学を学んだ気鋭の若手研究者であり、本書の内容は、広島大学に提出した学位論文に加筆、修正を加えたものである。博士論文執筆後も、日本語、韓国語を対象として、語用論、意味論、さらにはプロソディーと語用論のインターフェイスに関する研究を進め、*Lingua, Japanese/Korean Linguistics, Altaic Formal Linguistics* など、

著名な国際的学術誌において論文を発表している。著者が日本に留学するきっかけは、日本語の記述的研究で見いだした事実に対して、なぜ、どうして、そのような事実が存在するのかという疑問に対する答えを知るために、言語理論を学びたいと考えたからであったと聞く。精緻な観察に基づいて新しい事実を発見し、明示的な説明のために理論的枠組みを駆使する本書の構成は、この目的が高いレベルで達成されたことを物語っている。最後に博士論文の指導教員として、著者が広島大学大学院に入学してから博士論文の完成に至る日々を振り返ると、目的を達成しようとする固い意志と、努力を惜しまず研究に没頭する崇高な精神と向き合う、楽しく喜ばしい時間が鮮やかに思い起こされる。この本を通して、読者にも、研究に取り組む楽しさと喜ばしさが伝わるように願っている。

目　次

序　　　　　　　　　　　　　　　　　　　　　　　　　　v

第1章 「名詞句のこと」を巡る問題　　　　　　　　　　1
1. なぜ名詞句とともに「こと」が現れるのか　　　　　　1
2. 三つの問題　　　　　　　　　　　　　　　　　　　2
3. 本書の構成　　　　　　　　　　　　　　　　　　　8

第2章 「名詞句のこと」の意味　　　　　　　　　　　11
1. 述語の補語として現れる「名詞句のこと」　　　　　11
2. 「名詞句のこと」と補文との対応関係　　　　　　　15
　　2.1 「こと」節に対応する場合　　　　　　　　　15
　　2.2 「か（どうか）」節に対応する場合　　　　　　19
　　2.3 「ように」節に対応する場合　　　　　　　　24
3. 「名詞句のこと」とモダリティ　　　　　　　　　　26
　　3.1 モダリティの規定　　　　　　　　　　　　　26
　　　　3.1.1 文を単位としたモダリティの定義　　　27
　　　　3.1.2 従属節のモダリティ　　　　　　　　　29
　　　　3.1.3 文の「依存関係構造」とモダリティ　　31
　　　　3.1.4 広義の概念としてのモダリティ　　　　32
　　3.2 補文標識とモダリティ　　　　　　　　　　　33
　　　　3.2.1 従属節と主節のモダリティの連続性　　34
　　　　3.2.2 従属節の補文標識と主節述語の意味的カテゴリーとの
　　　　　　　相関関係　　　　　　　　　　　　　　38
　　3.3 「名詞句のこと」のモダリティ　　　　　　　40
4. 本章のまとめ　　　　　　　　　　　　　　　　　　42

第3章 「名詞句のこと」と「こと」節の相違　　　　　51
1. 「こと」の使用上の制限　　　　　　　　　　　　　51

IX

2.「名詞句のこと」の意味 ... 53
  2.1 名詞句への「コト性」の補充 ... 53
  2.2 名詞句の指示対象の「属性の集合」 ... 56
3.「こと」節の意味 ... 59
4.「こと」節と「名詞句のこと」の意味 ... 62
  4.1 「命題」の細分化 ... 62
  4.2 「こと」節の二つの意味 ... 64
  4.3 「こと」節の意味と「名詞句のこと」の意味 ... 66
  4.4 「コト名詞」との置き換え ... 67
  4.5 「という」の挿入 ... 68
5. 本章のまとめ ... 69

第4章 談話における「名詞句のこと」の機能 ... 75

1. 談話に現れる「名詞句のこと」 ... 75
2.「名詞句のこと」の現れる構文上の位置 ... 78
  2.1 心的行為述語の補部 ... 78
  2.2 コピュラ（copula）文の述部 ... 79
3.「名詞句のこと」の意味に関する問題点 ... 80
  3.1 属性の集合 ... 80
  3.2 定性（definiteness）のマーカー ... 83
  3.3 個体のタイプ上昇（individual sublimation） ... 86
  3.4 意味論的分析の限界と語用論的分析の可能性 ... 90
4. 談話における知識管理と「名詞句のこと」 ... 93
  4.1 メンタル・スペース理論 ... 94
    4.1.1 理論の概要 ... 94
    4.1.2 コピュラ文の「スペース間的用法」 ... 96
  4.2 談話管理理論 ... 98
    4.2.1 談話における知識管理 ... 98
    4.2.2 談話における共有知識と「名詞句のこと」 ... 100
  4.3 コピュラ文に現れる「名詞句のこと」の談話機能 ... 102
  4.4 心的行為述語の補部に現れる「名詞句のこと」の談話機能 ... 106
  4.5 第4節のまとめ ... 115
5. 本章のまとめ ... 121

第5章「こと」の意味の拡張と派生 ... 129

1. 意味内容 ... 130
  1.1 補文との対応関係からみた「名詞句のこと」の意味 ... 131

        1.2 「こと」節との対応関係からみた「名詞句のこと」の意味　132
        1.3 「名詞句のこと」と「こと」節の意味領域　133
    2. 談話機能　134
        2.1 「こと」の談話機能　134
        2.2 「こと」について新たにわかったこと　135
    3. 異なる「こと」間の関係　136

    参考文献　143

    あとがき　147

    索引　151

第1章
「名詞句のこと」を巡る問題

1. なぜ名詞句とともに「こと」が現れるのか

　日本語の会話に注意深く耳を傾けていると、次の例のように、名詞句とともに一見無意味な「こと」が現れることがある。
（1）　A：そこの栓抜きとって。
　　　　B：(探しながら) 栓抜き？　ああ、これのことか。
「こと」が存在してもしなくても、文意に変化はないように思われるのに、なぜ日本語母語話者は、このような「こと」を用いるのであろうか。
　表現形式「こと」については、すでに寺村（1968、1981）においてその重要性が指摘されている。寺村（1981）は、日本語において、「こと」は「もの」とともに重要な語彙項目であり、文中の様々な位置で多様な役割を果たしているとした上で、両者の指し示す対象について、感覚ないしそれに準ずる心理作用によって把握される個別的対象は「もの」で示し、命題内容や動作・状態・属性など一般的に概念として表したものは「こと」で示すと述べている。
　このようにもっとも重要な語彙の一つとされてきたにもかかわらず、なぜ従来の研究は、上記（1）のような「こと」を巡る疑問に取り組んで来なかったのか。恐らくその原因は、このような「こと」の使用が話し言葉を中心に観察され、書き言葉にはそれほど頻繁に使用されないこと、「こと」の有無が文の論理的意味に関わるものではないため、その働きに重要性が感じられなかったことが原因であろう。本書では、このように見過ごされてきた「こと」の働きを、語用論的に、「談話における知識管理」の観点から見直すことで、この目立たない要素が、談話中で果たすユニークな役割を明らかにしたい。それは、「話し手と聞き手の知識状態に敏感である（田窪1989）[1]」と言われ

る日本語の談話の特徴を、「こと」の働きを通して明確にすることでもある。

　「こと」と「もの」の区別に立ち戻ると、このような使い分けは日本語と類似性をもつ言語とされる韓国語には存在せず、一般に単一の形式（것（kes）*2）が用いられる。したがって、「こと」と「もの」によってそれぞれの指し示すものを区分することは、日本語に特徴的な言語現象であると言える。しかし従来の研究では、「こと」の意味がどのような範囲の対象に及ぶのか、またそれが文脈のなかでどのような機能を果たすのか、必ずしも明確にされて来なかった。特に本書が対象とする、名詞句ととも現れる「こと」に関しては、体系的な研究はまだほとんどなされていない。そこで本書では、名詞句とともに現れる「こと」について、語用論的観点からの検討に先立って、意味論的観点からも考察を加えることにしたい*3。特に、「こと」が名詞句とともに現れる場合と補文とともに現れる場合とを比較することで、「こと」の意味論的役割についても整理しておきたい。

2.　三つの問題

　「こと」には、従来の研究を通して、「事件」や「事態」を表す実質名詞としての用法に加えて、実質的意味が希薄になり、補文や名詞句を導く要素として振る舞う、いわゆる形式名詞としての幅広い用法があることが知られている。具体例を見よう*4。
(2)　a.　平成20年も、特別なこともなく暮れた。
　　　b.　世の中に出て仕事をしようとは思いません。そういうことが嫌いなんです。
　　　c.　自分を抑えた方が人のためになることに気づかなかった。
　　　d.　まず自分の手本になる人をもつことだ。
　　　e.　息子さんのことを話す姿はとても嬉しそうだった。

　一般に、(2a)(2b)は単独形式の名詞に近い形で用いられて「出来事」「事件」「事態」を表す場合であり、(2c)は補文（名詞節）を導く場合であるとされる。また、(2d)は文末で助動詞ダと結合した形でモダリティを表すもの、(2e)は名詞句を形成するものだとみな

される。

　ここで上記(2)に挙げたような多様な働きを有する「こと」のうち、(2e)のように名詞句に「こと」が付加される場合、「こと」の現れのパターンと名詞句の構成についてみておきたい。(2e)のような名詞句に「こと」が後続する場合、そのあり方を大別するなら、次のような二つのパターンが見られる。具体例を見よう。

(3) a. *田中さんが来て花子∅を話していた*5。
　　 b. 田中さんが来て花子のことを話していた。
(4) a. 山田さんが花子∅を探している。
　　 b. 山田さんが花子のことを探している。

(3)のように「こと」が義務的 (obligatory) に現れる場合と(4)のように随意的 (optional) に現れる場合がある*6。

　「こと」が加わった名詞句全体の構成を見ると、「名詞句＋属格(の)＋形式名詞(こと)」という構成となっている。「の」と「こと」の間には統語上いかなる要素も現れ得ないため*7、本書では、「の」については特に言及せずに、以降では「名詞句のこと」と記すことにする。

　従来の研究では、(2c)のように文に後続して補文を導く「こと」(以降、「こと」節)の働きについては様々な角度から分析されてきたが*8、(2e)のように名詞句に後続する「こと」についてはいまだ十分な研究の蓄積がなく*9、解明されるべき問題が残されている。本節では、「名詞句のこと」を巡る三つの問題を指摘しておきたい。

　上記の例文(3)のように、述語の補語名詞句に「こと」が義務的に要求される現象に関して、寺村(1968)では、「こと」は「コト性」をもたない名詞句に「コト性」を補うために付加されると説明している。寺村(1968)の言う「コト性」とは、名詞に関する何らかの出来事を表現するものであると考えられる。この考え方にしたがうなら、(3)の「花子のこと」は、次の(3')に示されているように「こと」節に相当する意味内容を表すという解釈が導き出される*10。

(3') 田中さんが来て花子が結婚したことを話していた。

　ただし、ここで「相当する」というのは、(3)と(3')が文脈と無関係に常に同じ意味を表すということではない。(3)が具体的に

（3'）と同じ意味を表すかどうかは文脈に応じて決定される。本書では（3'）のような文脈が与えられた場合、（3）が（3'）と同じ意味を表し得ることを指して「こと」節に相当する意味を表すとみなし、「「こと」節に対応する場合」と呼ぶことにする。

　しかし、「こと」が義務的に要求される場合のすべてが「コト性」という捉え方で説明されるとは言えない。なぜなら、述語によっては、補語名詞句に対して「こと」が義務的に要求されるにもかかわらず、「名詞句のこと」を「こと」節で置き換えられない場合があるからである。具体例として次の（5）（6）を挙げることができる。

（5）a.　田中さんが来て花子のこと／*花子を尋ねていた。
　　 b. *田中さんが来て花子が結婚したことを尋ねていた。
（6）a.　田中さんが来て花子のこと／*花子を頼んでいた。
　　 b. *田中さんが来て花子が結婚することを頼んでいた。

　（5）の「尋ねる」および（6）の「頼む」のような述語は、（3）の場合と同様に、補語の「コト性」をもたない名詞である「花子」に対して「こと」を補うことを要求する。しかし、（5b）（6b）に示されているように「こと」節との置き換えは許されず、この点で（3）の場合とは異なっている。

　このような観察から、「名詞句のこと」が「こと」節に対応する場合としない場合があること、そして従来の「コト性」による説明だけで「名詞句のこと」の意味のすべてが説明できるわけではないことがわかる。ここで、次のような疑問が浮上する。

疑問1：補文に「こと」節をとらない述語の補語に現れる「名詞句のこと」はどのような意味を表すのであろうか。

　これが従来の研究に見られる第1の問題点であり、本書の扱おうとする一つ目の研究課題である。

　次に、上に見た（3）（3'）および（5）（6）の場合とは逆に、「名詞句のこと」と「こと」節の対応関係のなかには、次の（7）（8）に示されているようなパターンがある。

（7）a.　雨が降ってきたことを話したら、みんなが驚いていた。
　　 b.　雨のことを話したら、みんなが驚いていた。
（8）a.　雨が降ってきたことに驚いて、空を見上げた。

b. *<u>雨のこと</u>に驚いて、空を見上げた。

（7）（8）のような場合、「こと」節はどちらでも可能であるが、（8）では「名詞句のこと」を使用することができない。このことから、（3）（3'）および（5）（6）では「名詞句のこと」のほうが「こと」節より使用できる範囲が広いが、（7）（8）では、逆に「こと」節のほうが「名詞句のこと」より広い意味範囲を表していることが予測できる。ここで次のような疑問が生じる。

　疑問2：「こと」節では表すことができて、「名詞句のこと」では表すことができないのは、どのような意味なのであろうか。

「こと」節の意味に関しては、研究者によっていくつか異なる考え方が見られる。寺村（1981）は、「こと」の意味を次の（9）のように把握した。

（9）コトの対象は、命題で表わされるような内容や、動詞、形容詞で表わされる動作、作用、変化、状態、属性などを一般的に概念として表わしたもの、である

（寺村 1981: 754）

これを受け継いで益岡（2007）では、「こと」の意味を次のように定義した。

（10）寺村の「一般的に概念として表わしたもの」という把握を受けて、「こと」の意味を「概念的に構築された事態を表したもの」と特徴づけることにする。

（益岡 2007: 28）

またTakubo（2007）、田窪（2010）には、次のような記述が見られる*11。

（11）独立して用いられた場合、「事物（thing）」、「出来事（event）」、「事実（fact）」、あるいは「命題（proposition）」を意味し、いわゆる「形式名詞句（語彙的内容がないか、あるいは希薄な名詞）」であり…（中略）

（田窪 2010: 125）

しかし、これらの研究では「概念的に構築された事態」、「出来事」「事実」「命題」というそれぞれの意味論的概念の詳細について、十分に議論されていない。そのため、「こと」が使用されるそれぞれの場

第1章 「名詞句のこと」を巡る問題　5

合において、これらの概念を区別しなくても良いのか、もしくは区別するのなら、それぞれの場面における「こと」がどの概念に対応するのかが明確ではない。(7) と (8) の相違を捉えるためには、まずこのような概念を明確にする必要がある。このような一連の考察が本書で扱う第2の問題点である。

これまでの議論から、「名詞句のこと」と「こと」節の意味は基本的な部分で重なりを示すとともに、それぞれ独自の部分があることがうかがえる。本書では、それぞれ異なる働きを見せる「こと」の意味を比較することを通して、「こと」節と「名詞句のこと」の類似点と相違点を明らかにしたい。

さらに、名詞句に後続する「こと」の研究において、もう一つの重要な課題として取り上げなければならない点は、すでに挙げた (4) のように「こと」の付加が随意的に見える場合である。このような「こと」に関しては、従来の研究ではもっぱら意味論的観点から検討されている。その代表的な研究として、笹栗・金城・田窪（1999）、Takubo（2007）、田窪（2010）による一連の研究やKurafuji（1998）が挙げられる。笹栗・金城・田窪（1999）やTakubo（2007）、田窪（2010）では、「こと」が特定（definite）の要素に加えられ、その要素の「属性の集合」を導入するものとされた。また、Kurafuji（1998）では、「こと」は不定名詞への定性（definiteness）の付与のマークとみなされた。

これらの指摘は、「こと」のもつ意味についての重要な指摘である。しかしここで、本書では、随意的に見える「こと」の働きを意味論の観点から捉えることで、「こと」の関わる問題を十分に説明できるかどうかという点を第3の問題点として指摘したいと思う。ここに前出の例文 (4) をもう一度取り上げる。

再掲 (4) a.　山田さんが花子φを探している。
　　　　b.　山田さんが花子のことを探している。

(4) のように、定名詞に「こと」が付加される場合、従来の意味論的な捉え方にしたがえば、真理条件的に等価の意味を表すことになる。しかしその説明だけでは、次のような疑問が説明できない。

疑問3：なぜわざわざ意味論的機能をもたない「こと」を使用する

必要があるのか。

たとえば、次の（12）のように文脈がともなわない文を見る限り、「こと」は何の機能をももたずに随意的に現れているようである。つまり、「こと」は余剰的な要素のように見える。

(12)（ビビンバというのは）{これφ / これのこと}ですか。

しかし、（12）とまったく同じ「これですか／これのことですか」という表現でも、次の（13）（14）のように文脈情報を考慮すれば、その使用には何らかの制限があることが明らかになる*12。

(13)（授業が終わって学生たちがみんな教室を出ていって、先生だけが残っている。その時、一人の学生が戻ってきて先生に話しかけた。）

　　学生：携帯を忘れてしまったのですが。
　　（先生が携帯を見せながら）
　　先生：（あなたが忘れたというのは）{これφ / これのこと}ですか。

(14)（授業が終わって学生たちがみんな教室を出ていって、先生だけが残っている。その時、一人の学生が戻ってきて、何かを探している。その様子を見た先生が学生に声を掛ける。）

　　先生：（あなたが探しているのは）{これφ / *これのこと}ですか。

(13)のような文脈では、「こと」を使用することが自然であるのに対して、（14）のような文脈では、「こと」を使用すると不自然になってしまう。両者の違いは、（13）では携帯を忘れたことを学生が先生に向かって述べているという文脈であり、一方の（14）では学生が探している状況だけが存在しているという文脈である点にある。

このような現象を念頭に置くなら、随意的に付加されるように見える「こと」の働きを分析するためには、話し手と聞き手の置かれた言語的／非言語的文脈を考慮に入れた語用論的な立場からの考察が必要ではないかと考えられる。

以上をまとめると以下の通りである。

本書は、名詞句とともに用いられる「こと」を中心とした考察であ

り、必要に応じて文に後続して補文を導く「こと」をはじめ各種補文との比較を通して、以下のような三つの問題を解明することを目的とする。

問題1：(3)(5)(6)のような例に見られる「名詞句のこと」が表す意味の範囲はどこまで及んでいるのか。

問題2：(7)(8)の相違は何を示しているのか。すなわち、「名詞句のこと」と「こと」節とが重なる部分と重ならない部分はどこで、それは両者のどのような意味の相違に起因しているのか。

問題3：(4)(12)のような例では、従来の意味論の捉え方では「こと」の有無によって文の論理的意味に変化が見られないことになるため、「こと」に固有の「意味」はないということになる。しかし、このような場合でも、(13)(14)のように文脈を考慮すれば、「こと」には何らかの使用上の制限が課せられていると考えられる。このような「こと」について、語用論的観点からその機能を捉えることはできないか。

以上の三つの問題を中心に、本書は、名詞句に後続する「こと」の意味論的特性および談話機能を明らかにすることを目的とする。

3．本書の構成

第1節で述べた本書の目的および第2節で取り上げた三つの問題に取り組むために、第2章以降、以下のような構成で議論を進めていきたい。

本書では、第1章で設定した三つの問題に関してそれぞれ第2章から第4章までの各章で扱うものとする。なお、それぞれの章では関連する先行研究を概観し具体的な問題点を指摘した上で、設定された問題について議論を進める形をとっている。

第2章以降の概要は次の通りである。

第2章では、「こと」が義務的に要求される場合における「名詞句のこと」の意味範囲について分析する。考察の手順としては、述語に

よって導入される各種補文との比較分析を行う。そして、「名詞句のこと」が対応する補文の意味から「名詞句のこと」が表す意味を求めていく。

　第3章では、「名詞句のこと」と「こと」節の対応関係に焦点を当てて、両者の間の意味上の類似点と相違点について分析を行う。考察の手順としては、「こと」節が使用される文脈を検討することで、従来の研究で指摘された「命題」という概念を詳細に分析して細分化を行う。そして、そのうち「名詞句のこと」がどのような「命題」に該当するのかを明らかにする。

　第4章では、「こと」が一見随意的に現れるように見える場合の「名詞句のこと」の働きについて、談話機能の観点から分析を試みる。分析に当たっては、「メンタル・スペース理論」および「談話管理理論」を手がかりとする。

　第5章では全体の議論をまとめる。そして、総合考察として、文中の異なる位置に現れる「こと」が表す意味の繋がりと派生関係について言及し、最後に残された課題について述べる。

---

*1　名詞句に接続する「という」を談話標識として初めて指摘した田窪（1989）および「よ」「ね」「よね」などの終助詞の問題を対象とした田窪・金水（1996）では、談話管理理論に基づいて興味深い例を提示しつつ重要な指摘がなされている。田窪（2010）には、談話管理理論の観点から名詞句、指示詞、代名詞、人称など様々な言語形式について検討されている。
*2　本書での韓国語のローマ字表記は Yale Romanization に基づいたものである。
*3　本書では、以下、特に区別する必要がある場合を除いて、名詞句と「こと」がともに現れた場合を「名詞句のこと」と略記する。
*4　本書で挙げられる例のうち、出典を記していないものは筆者による作例である。
5　例の前に記した「」は非文法的な文であることを示す。「φ」は「こと」が付加されていないことを示す。
*6　このような「こと」の現れ方の違いは述語の意味論的性質や統語的位置による。Takubo（2007）および田窪（2010）では、(3) のように義務的な「こと」は「相談する」「議論する」のような目的語として抽象名詞を取らなければならい動詞の選択制限を満たすために具体名詞に付加されると指摘し、さらに (4) のよ

うな随意的な「こと」は、「好きだ」「愛する」「嫌いだ」のような心理述語や「探す」のような内包的な述語の内項の位置にも「こと」が現れるとした。なおTakubo（2007）および田窪（2010）では、随意的な「こと」の分布に関しては、さらに綿密な観察を行い、具体例を提示している。詳しくは田窪（2010）を参照されたい。

*7　このような統語的な特性に関しては、すでに山口（1973）によって指摘されている。

*8　久野（1973）、寺村（1980、1993）、益岡（2007）などが挙げられる。寺村（1981）は、「こと」が名詞として本来の構文機能を果たしている際の実質的意義と形式化された働きの関わりを探ることを試みた。寺村（1980、1993）は、連体修飾のシンタクスと意味を巡る一連の研究において「こと」節を取り上げ、益岡（2000、2007）は、「命題」と「モダリティ」の関わりを検討する際に「こと」が重要な視座を提供することを示した。

*9　「名詞句のこと」に関する数少ない先行研究のうち、もっとも代表的な研究としては、笹栗（1996）、Kurafuji（1998）、笹栗（1999）、笹栗・金城・田窪（1999）、Takubo（2007）、田窪（2010）が挙げられる。これらの研究は意味論的観点から「名詞句のこと」の分析を試みたものであり、「こと」と関連する名詞句の意味論に大きな貢献を残した。ただし、「名詞句のこと」の意味と機能にはまだ解明されていない問題もいくつか存在している。本書では、その問題点を指摘するとともに、従来とは異なる観点から「名詞句のこと」における「こと」の意味と機能に関する分析を行うことを試みる。

*10　寺村（1968）の「コト性」および、「名詞句のこと」の意味が「こと」節に相当する意味内容を表すという考え方の導き方に関する詳細な説明は、本書の第2章の第2節で述べることにする。

*11　田窪（2010）はTakubo（2007）の和訳版である。

*12　本書でいう文脈とは、言語的な文脈に限られず、発話状況や背景知識のような非言語的要素も含むものとする。

第 2 章
「名詞句のこと」の意味[*1]

1. 述語の補語として現れる「名詞句のこと」

　本章の目的は、述語の補語名詞句に「こと」が義務的に用いられる場合を対象とし、「名詞句のこと」の意味範囲を明らかにすることである。

　日本語では (1a) のように、述語の意味論的性質に応じて補語の位置に単独で裸の名詞句が使用できる場合もあれば、(1b) のように裸の名詞句だけでは不自然に感じられる場合もある。後者の場合、(1c) のように名詞句に「こと」を補うことで自然な文として成り立つ。

(1) a. サミットでは先進国の首脳たちがエネルギー問題φを議論した。
　　b. *サミットでは先進国の首脳たちが原子力発電所φを議論した。
　　c. サミットでは先進国の首脳たちが原子力発電所のことを議論した。

この現象について寺村 (1968) は、「〜を考える」のような認識・思考を表す動詞の補語になるためには、名詞が何らかの「こと」を表すような性質(「コト性」)をもつ必要があると述べた上で、「あなた」「彼」「著書」のように「コト性」をもたない名詞が「〜を考える」の「〜を」の位置で用いられる時には「こと」という語句を補わなければならないと述べている。すなわち、「エネルギー問題」のような名詞句は「コト性」をもつ名詞句であるため「こと」を補う必要がないが、「原子力発電所」のような名詞句は「コト性」をもたないため、「こと」を補わなければならないということである。

　このような「名詞句のこと」の表す「コト性」とは、名詞句に関連

する何らかの出来事を表現するものであると考えられる。したがって、「名詞句のこと」は適切な文脈で使用されれば、出来事を表す「こと」節と同等な意味を表すことができるはずである。

(2) a. 首脳たちは原子力発電所のことを議論した。
　　 b. 首脳たちは原子力発電所を建設することを議論した。

たとえば(2a)の「原子力発電所のこと」は、「議題の一つは、エネルギー問題解決のために、原子力発電所を建設することだった」という文脈がともなえば、(2b)の「原子力発電所を建設すること」という「こと」節の代わりに用いることができる。この「名詞句のこと」は「こと」節に相当する意味内容を表すとみなしてよいだろう。

上記の説明は、名詞句に付加されるものと補文を導くものが同じ「こと」という形式であるという点からも直感的に妥当であるように思われる。しかし、実際には「こと」が義務的に要求される場合のすべてが「こと」節との関係から説明できるわけではない。以下の例(3)(4)を考えてみよう。

(3) a. *期末試験∅を尋ねた。
　　 b. 期末試験のことを尋ねた。
(4) a. *会議∅を頼んだ。
　　 b. 会議のことを頼んだ。

(3)(4)は、「期末試験」「会議」のような「コト性」をもたない名詞句に「こと」を補わなければならない点で、一見(1)と同様な例のように見える。しかし、これらの例は(1)とは重要な点で相違が見られる。

(1)の「名詞句のこと」は(2b)のような「こと」節で置き換えることができるが、(3)(4)の「名詞句のこと」のほうは、以下に示した(5)(6)から明らかなように「こと」節との置き換えが不自然である。

(5) ??期末試験を受けることを尋ねた*2。
(6) ??会議を開催することを頼んだ。

これは(3b)(4b)の「名詞句のこと」と(1)の「名詞句のこと」には意味上の相違が存在し、単に「コト性」すなわち「出来事を表す」とするだけでは「名詞句のこと」の意味のすべてを説明できない

ことを示している。
　また、このように「こと」節では置き換えられない (3b)(4b) は、(7)(8) のように「か」、「かどうか」が導く節（以降、「か（どうか）」節と呼ぶ）と「ように」が導く節（以降、「ように」節と呼ぶ）でなら置き換えが可能である。
(7) a.　<u>期末試験を受けるか（を）</u>*3 尋ねた。
　　 b.　<u>期末試験を受けるかどうか</u>（を）尋ねた。
(8) <u>会議を開催するように</u>頼んだ。

　以上で見たように、述語のタイプによって「名詞句のこと」と置き換えられる補文タイプは特定されている。このことから、(1c)(3b)(4b) の例は、同じ「こと」という形式名詞を含む表現でありながら、それぞれの例における「名詞句のこと」の間には意味においてずれが生じていることを示していると言えよう。すなわち、「名詞句のこと」は述語のタイプの相違によって、(1c) のように議論の議題にも、(3b) のように質問の内容にもなる。また (4b) のように依頼の内容にもなりうる。

　(1c)(3b)(4b) の「名詞句のこと」を補文の形で示すと、それぞれ (2b)(7)(8) に示したような特定の補文タイプに表し分けられる。このような補文の表し分けの相違は、それぞれの文における主節の述語のタイプに深く関わっている。すでに述べた「議論する」のような述語は (2b) に示されているように補文に何らかの出来事を導く「こと」節を要求するが、「尋ねる」という述語は (7) に示したように補文に疑問文を導く「か（どうか）」節をとるのが一般的であり、単に叙述内容を表すだけの平叙文を補文にとることができない。また、「頼む」という述語は (8) に示されているように、「ように」節であれば自然な文となる。

　しかし、このような主節の述語の意味だけで、(1c) と (3b)(4b) における「名詞句のこと」の相違のすべてを説明することはできない。なぜなら、「尋ねる」のように補文に疑問文を導く述語は、(7) のような補文では「こと」節と共起せず「か」節および「かどうか」節をとるのに対し、(3b) のように名詞句をとる場合は「こと」を必要とする。同一述語でありながら、なぜ補文を導く場合と名詞句を導く場

合で「こと」の選択に相違が生じるのであろうか。この疑問に関してはまだ答えが与えられていない。

　一般に述語が補文を選択する場合、述語はそれ自身の意味に応じて適切な補文のタイプを選択すると考えられている*4。そして補文は、「こと」「の」「か」「と」「ように」などのいわゆる補文標識に応じて、固有の意味をもった補文タイプに分かれるとされる*5。ただし、主節の述語の意味だけで呼応する補文が決定されるわけではない。述語によっては複数のタイプの補文を選択し、その場合の意味は補文のタイプによって決まる。たとえば、「知る」のような述語は（9）のように「こと」節も「か（どうか）」節もとり得る。

(9) a. <u>太陽が東から昇ること</u>を知っている。
　　 b. <u>誰が来たか</u>（を）知っている。
　　 c. <u>先生が到着されたかどうか</u>（を）知っている。

同じ述語「知る」に対して、(9a)のように「こと」節が選択されれば事実について知っているという意味になり、(9b)のように「か」節が選択されれば疑問に対する答えを知っているという意味になる。また、(9c)のように「かどうか」節が選択されれば当該の出来事の成立の可否を知っているという意味になる。つまり補文を導く補文標識が、これらの意味の違いを表していると言える。このように、述語と補文標識の意味特徴が相互に作用し合うことによって文の意味が決定されると考えることができる*6。

　以上のように、「名詞句のこと」は常に「こと」が導く補文と対応するのではなく、「か（どうか）」「ように」などが導く補文とも対応する。そして、どのような補文と対応するかは主節の述語の意味論的特性と深く関わっている。しかし、従来の研究では、「名詞句のこと」の意味を探るに当たり、補文との関係についてほとんど考慮されていなかった。したがって、「名詞句のこと」の有する意味範囲の詳細は、述語が要求する補文タイプとの比較を通して検討する必要がある。

　以下、本章では次のような構成で考察を進める。

　第2節では、補文との対応関係を通して「名詞句のこと」の意味を考察する。具体的には2.1では先行研究の分析を踏まえた上で、

「こと」節に対応する場合の「名詞句のこと」の意味について述べる。2.2 では、「名詞句のこと」が間接疑問を表す「か（どうか）」節に対応するということについて、2.3 では「ように」節に対応するということの具体的な意味を記述する。第 3 節でこれらの観察を総合し、補文の意味的構造について「命題」と「モダリティ」の観点から考察を加える。そうすることによって、それぞれの補文と「名詞句のこと」の意味的相違をより明確にすることができるものと考えられる。最後に、第 4 節で全体をまとめる。

2. 「名詞句のこと」と補文との対応関係

2.1 「こと」節に対応する場合

すでに述べたように、名詞句に「こと」の付加が義務的に要求される現象について、寺村（1968）では「コト性」をもたない名詞句の「コト性」名詞化とみなした。この寺村（1968）の説は、以下の(10a) の例に示されているように、「こと」を表すような性質（「コト性」）をもつ「ベトナム問題」などの名詞が「〜を考える（その他認識・思考を表す動詞）」（寺村 1968: 48）のような枠にそのまま入ることと、(10b) (10c) に示されているように、「著書」「あなた」のような名詞が「こと」を補うことで「コト性」を形成することから提案されたものである。

(10) a. <u>ベトナム問題</u>ϕを考える。

 b. {*著書ϕ / 著書のこと} を考える。

 c. {*あなたϕ / あなたのこと} を忘れる。

寺村（1968）では、この「コト性」をもつ名詞には「発言、主張、思考、認識」といった、発言認識の動詞とつながる共通の意味があり、英語のいわゆる「同格構文」を連想させると述べられている。また、寺村（1980、1993）においては、内容節（同格節）とその主名詞との関係を論じるなかで「事実、可能性」のようにその内容を文の形で表すことができる一群の名詞があると指摘されている。その名詞群の

内容について、寺村は次のように述べている。

(11) 発話や思考の動詞とは関係づけられないが、「事実、可能性」などのように、その内容が文の形で表わすことのできる一群の名詞がある。その内容は単なる叙述内容、つまり話者の主観的態度の表現が入り込むことの少ない単なる「こと」の形をとることが多く、その度合に比例して「トイウ」を要求する度合も低くなる。これをかりに「コト」を表わす名詞と呼び、次に例を示す。

(寺村 1980: 255)

このような内容を含む一群の名詞を、寺村は「こと」を表す名詞、すなわち「コト名詞」と呼んでいる*7。「コト名詞」のカテゴリーとして以下のようなものが挙げられている。

(12) コトの名詞

事、事実、事件、話、騒ギ、結果、夢、記憶、クダリ、可能性、公算、オソレ、危険性、仕事、商売…

(寺村 1980: 255)

以上のような寺村の研究（1968、1980、1993）は、連体修飾のシンタクスと意味を巡る一連の研究の一環として「こと」の意味を論じたものであり*8、直接「名詞句のこと」の意味を論じた研究ではないが、「名詞句のこと」の意味に関しても議論の出発点となる重要な指摘を含んでいる。特に寺村（1980）で述べられている「コト名詞」の存在を考慮すると、「コト性」をもたない名詞に「こと」を補うという操作は、その名詞に関連する叙述内容を表す「コト名詞」を形成することだと考えられる。すでに指摘した通り、「名詞句のこと」は、適切な文脈が与えられれば、「こと」節を置き換えた表現となり得る。したがって、「名詞句のこと」の表す「コト性」とは、被修飾名詞「こと」の内容を表す連体節（内容節）と同等の意味として解釈することができるだろう。もう一度、両者が置き換え可能な例として(13)を挙げて説明する。

(13) 花子は今学期になってから、長期欠席している。

a. 先生たちは花子のことを議論した。
b. 先生たちは花子が長期欠席していることを議論した。

(13a)における「花子のこと」は、寺村流に言えば、「議論する」という述語が「コト性」をもつ補語を要求するという性質から、「コト性」をもたない名詞である「花子」に「こと」を補って、花子に関連する叙述内容を表す「コト名詞」を形成したものである。そこでこの場合の「こと」の意味は、「花子」に対して（13b）のような「こと」を主名詞とする内容節に相当する意味を補うものであると考えられる。

　一方、「名詞句のこと」の意味を、名詞句の意味論の観点から追求する試みもある。笹栗（1999）、笹栗・金城・田窪（1999）、Takubo（2007）、田窪（2010）は、「名詞句のこと」を論じた数少ない先行研究であるが、そこでは、「属性（property）*9 の集合（set）*10」という概念を用いて、「名詞句のこと」の意味を説明している*11。

（14）太郎は花子のことを話している。

(笹栗・金城・田窪 1999: 5)

　笹栗・金城・田窪（1999）の説明によると、（14）における「〜のこと」は「〜は学生である」「〜は先週東京に行った」「山田が〜を嫌っている」など、「〜」の部分に花子が入ると真になるような開放文（open sentence）の集合に相当する意味をもつ*12。これを図で示すと、以下のようになる。

(15)　個体　　　　　属性の集合
　　　X　　　　　　〜のこと

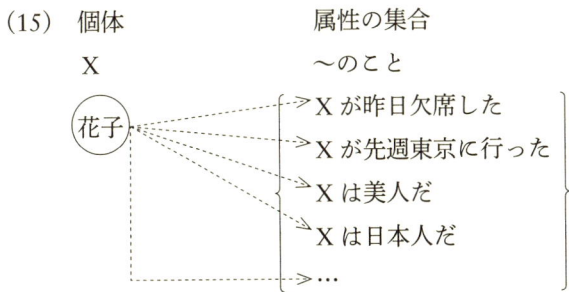

　笹栗・金城・田窪（1999）およびその分析を発展させた Takubo（2007）、田窪（2010）では、個体のもつすべての属性の集合は、すなわち個体そのものであるという内包意味論の定義に基づいて、（14）のような例における「花子のこと」と「花子のことを愛している」のような例における「花子のこと」を統一して捉えることができると議論されている。

　しかしすでに述べたように、本節で扱う「名詞句のこと」は「こ

と」が必須要素であり、名詞句に関連する命題を表す「こと」節と置き換えられる。このことから考えて、このような「名詞句のこと」は属性の集合というよりむしろ花子に関する特定の命題を表していると考えられる。ただし、花子に関するどのような命題であるかは、文脈がなければ特定することができない。

具体例を挙げれば、上記（14）の「花子のこと」の意味は、次の（16）のような花子に関連するさまざまな命題の集合から、文脈が定める特定の要素を選び出したものとして表すことが可能であろう。

（16）太郎は $\left\{\begin{array}{l}花子が学生であること\\花子が先週東京に行ったこと\\花子が美人であること\\…\end{array}\right\}$ を話している。

たとえば、学生Aと学生Bは花子が試験のときに不正行為をしたことを知っている。ある日、先生たちがそのことについて話しているのを聞いて、次のような会話を交わしているとしよう。

（17）A：いま先生たちが花子のことを話しているよ。
　　　B：花子、これからどうなるんだろう。

この場合、「花子のこと」は「花子が試験のとき、不正行為をしたこと」を指すと解釈されるだろう。

また、次のような例を考えてみよう。たとえば、太郎はここ数ヶ月間、恋人の花子とまったく連絡がとれなくなっている状態である。そのことを知っている太郎の友人AとBが次のような会話を交わしたとしよう。

（18）A：太郎のやつ、最近ぼんやりしているね。
　　　B：きっと花子のことばかり考えているんだよ。

この例における「花子のこと」に対しては、「花子がどこでなにをしているのか」「花子はおれのことを嫌っているのか」など様々な解釈が可能であり、そのなかから何を選択するかは、むしろ聞き手の判断にゆだねられることになる。

以上の議論をまとめると、「こと」節と置き換えられる「名詞句のこと」の意味は、名詞句に関連する内容が叙述された「こと」節の集合から、文脈に応じて特定の命題を抜き出したものとして捉えること

ができる。

2.2 「か（どうか）」節に対応する場合

　次に、「名詞句のこと」が、「こと」節と置き換えられない場合について考えてみよう。「名詞句のこと」と「こと」節には、ともに「こと」という表現が用いられている。また、これまでに見てきたように、「名詞句のこと」の意味は、文脈によって定められる特定の「こと」節に相当する。以上の観察から、「名詞句のこと」と「こと」節の意味はほぼ重なり合っているように見える。しかし、第1節において指摘したように、「名詞句のこと」は通常「こと」節をとらない述語である「尋ねる」「質問する」などとともに使用することもできる。また、「こと」節のすべてが「名詞句のこと」と置き換えられるわけでもない。たとえば、「こと」節をとる「驚く」「気づく」のような述語は、以下の例（19）（20）に示したように「名詞句のこと」を補語にとることができない。

(19) a.　雨が激しく降ってきたことに驚いた。
　　 b.　*雨のことに驚いた。
(20) a.　花子が欠席していることに気づいた。
　　 b.　*花子のことに気づいた。

このような点から「こと」節と「名詞句のこと」は重なる意味領域をもつとともに、それぞれの独自の意味範囲をもっていることがうかがえる。両者の意味はどのような部分で重なり、どのような部分で異なるのか、同じ形式名詞「こと」を使用しながら、なぜ両者にはこのような差異が生じるのであろうか。本節では、まず「尋ねる」タイプの述語と共起する「名詞句のこと」について考えてみる。

　(21)(22)に見られるように、述語によって、それが許容する補文のタイプには相違が認められる。

(21) a.　太郎は花子の点数が100点であることを話した。
　　 b.　太郎は花子の点数が何点であるかを話した。
(22) a.　*太郎は花子の点数が100点であることを尋ねた。
　　 b.　太郎は花子の点数が何点であるかを尋ねた。

(21)からわかるように、「話す」は補文として「こと」節も「か」

節もとることが可能である。これに対して（22）からわかるように、「尋ねる」は、補文として「こと」節をとらず、「か」節をとらなければならない。（21）のようなタイプの補文をとる述語は「話す、述べる、論じる、報告する、議論する、書く」のように発話報告系の類であり、（22）のようなタイプの補文をとる述語は「尋ねる、調べる*13、質問する、調査する」のように足りない情報を相手（聞き手）に求める性質をもつ類である*14。

　すでに述べた通り、主節の述語は補文のタイプを選択するが、補文が表す意味は完全に述語によって決定されるものではなくて、補文自体がもつ独自のものである。たとえば、「こと」節は平叙文を導いて断定の意味をもち、「か」節は疑問文を導いて疑問の意味をもつが、このような基本的な性格は、述語によって変化することはない。つまり、述語の性質とは別に補文のほうにもそれ自体がもつ意味があって、補文の意味と述語の要求する意味と合致する場合に、補文になることができると考えられる。（21）（22）のように、補文のタイプとして断定を表す「こと」節をとるか疑問を表す「か」節をとるかは述語の性質によって決まるが、断定や疑問のような意味は従属節自体がもつ性質である。補文としてとる従属節のタイプと述語は互いに制限し合う関係にあると言える。

　ところで、ここで興味深いのは、（21）（22）からわかるように、述語によってその述語のとる補文のタイプはそれぞれ異なるものの、どちらも補文を「名詞句のこと」と置き換えられるという事実である。

（23）a. ＊太郎は花子φを話した。
　　　b.　太郎は花子のことを話した。
（24）a. ＊太郎は花子φを尋ねた。
　　　b.　太郎は花子のことを尋ねた。

すでに見てきた通り、「話す」のような述語は、断定を表す「こと」節を補文として要求する。そして（23）のように、名詞句を補語としてとる場合も「こと」節と同等の意味に変える機能をもっていると考えられる。ところが（24）においても、「こと」を挿入することが必要とされるのはなぜだろうか。この場合、「尋ねる」のような述語は「こと」節をとらないので、この時の「こと」の意味を（23）と

同等であるとみなすことはできない。つまり「名詞句のこと」における「こと」は、補文とともに使用される「こと」とは違って、「か」節の領域まで及ぶより広い働きをもっていることがうかがえる。

以上のことから、「名詞句のこと」の意味範囲は、「こと」節に対応する場合に加えて「か」節に相当する場合にまで及ぶことがわかる。では、「か」節に相当する「名詞句のこと」はどのような意味をもつものと考えることができるのであろうか。以下では、名詞句が「か」節に対応する意味内容を有する場合についての指摘が見られる西山（2003）での論に基づいて考えてみたい。

西山（2003）は、日本語名詞句の「意味機能」*15 について意味論的観点から分析した研究である。西山（2003）によれば、名詞句は指示性という観点から、その意味機能に応じて大きく「指示的名詞句」と「非指示的名詞句」に区分される。そして「非指示的名詞句」は、述語の意味論的性質に応じて統語的には名詞句でありながら、意味的には疑問文の解釈を受ける場合があると指摘されている。

(25)a.　太郎は、次郎に、洋子の一番好きな作曲家を紹介した。
　　b.　太郎は、次郎に、洋子の一番好きな作曲家を教えた。

(西山 2003: 60)

(25a) は、仮に洋子の一番好きな作曲家がショパンであったとしたら、「太郎は、次郎に、ショパンを紹介した」という文と同義になる。ゆえに (25a) では、下線を付した「洋子の一番好きな作曲家」は、特定の個体を指していると考えられる。これに対して (25b) の下線部は「洋子の一番好きな作曲家は誰であるかという疑問文に対する答え」を意味している。(25a) (25b) の相違は、述語との関係によって同一の名詞句が指示的であったり非指示的であったりすることを示している。つまり、文中での名詞句の意味を決定するには述語との関係が重要な手がかりとなることがわかる。

西山（2003）はさらに、(25b) における「洋子の一番好きな作曲家」のような名詞句は「意味的には項の位置に入る値を問う wh- 疑問文である」（西山 2003: 79）と述べ、意味論的には (26) のように変項 x を含む命題に対して、それを満たす値を求める表現として解釈されると論じている。

(26) 太郎は、次郎に、[xが洋子の一番好きな作曲家である] を満たすxの値を教えた。

　西山 (2003) では、(26) のように [xが洋子の一番好きな作曲家である] という命題関数を表示している名詞句を「変項名詞句」と呼んでいる。そして、(25b) において、下線部にこのような「変項名詞句」としての解釈を促すのは、「教える」という述語が意味的な選択制限として間接疑問文を要求するからであると述べている。

　すでに例文 (22)(24) に示したように、「尋ねる」のような述語は補語に疑問節も「名詞句のこと」もとることができる。このような述語の補語名詞句は、西山 (2003) によると「変項名詞句」としての意味機能を果たす。よって、これらの述語が補語に「花子」のような単純な名詞句を許さず、「花子のこと」を要求するのは、このような意味論的要求を満たすためだと考えられる。そこで以下では、西山 (2003) による「変項名詞句」という考え方を取り入れて、「か」節に対応する「名詞句のこと」の意味を考えてみたい。

　次の (27)(28) の例は、変項名詞句と「広島大学のこと」の関係を示したものである。(28) は広島大学に関係する「所在地、評価、学生数」などさまざまな変項名詞句の集合である。そして (27) のような文における「広島大学のこと」の意味は、このような集合のなかから、文脈によって指定された要素を選び出したものであると考えることができる。

(27) ケンジは太郎に、広島大学のことを尋ねた。

(28) { 広島大学の所在地
　　　広島大学の評価
　　　広島大学の学生数
　　　… }

(28) の「所在地」「評価」「学生数」などの名詞は西山 (2003) にしたがえば変項名詞句であり、[xが広島大学の所在地である] という命題関数を含んでいる。そこで (28) におけるそれぞれの名詞句を対応する命題関数に置き換えると、(27) のように変項名詞句を述語「尋ねる」の補部として組み込んだ文の意味は、(29) のように表現できる。

(29) ケンジは $\begin{Bmatrix} \text{x が広島大学の所在地である} \\ \text{x が広島大学の評価である} \\ \text{x が広島大学の学生数である} \end{Bmatrix}$ を満たす x の値を尋ねた*16。

以上から、「尋ねる」のような述語の補部に現れ、「か」節に対応する「名詞句のこと」は、西山 (2003) の言う「変項名詞句」として捉えることが可能であり、命題関数としての意味を与えることができることがわかる。ただし、「尋ねる」のような述語は wh- 疑問文に相当する「か」節に加えて、yes-no 疑問文に相当する「かどうか」節もとることができる。

(30) a. 太郎は花子の点数が 100 点であるかどうか（を）確かめた。
   b. 太郎は花子が試験に合格したかどうか（を）調べた。

(30) のような「かどうか」節は、「か」節とは異なり、疑問詞を含まない*17。このような「かどうか」節も、「名詞句のこと」との置き換えが可能である。(30) の「かどうか」節はいずれも (31) に示したように「花子のこと」に置き換えることができる。

(31) a. 太郎は花子のことを確かめた。
   b. 太郎は花子のことを調べた。

では、(31) のように「かどうか」節と交替する「名詞句のこと」はどのような意味をもつのであろうか。
(31) に対しても、(32) のような、花子に関して想定されるさまざまな命題の集合を考えることができる。

(32) $\begin{Bmatrix} \text{花子の点数は 100 点である} \\ \text{花子の身分は学生である} \\ \text{花子の…は…である} \end{Bmatrix}$

このような命題の集合を、それぞれ対応する命題の真偽値を尋ねる関数に置き換えたものが (33) である。

(33) 太郎は $\begin{Bmatrix} \text{x が「花子の点数が 100 点である」の真偽値である} \\ \text{x が「花子の身分が学生であるか」の真偽値である} \\ \text{x が「花子の…が…である」の真偽値である} \end{Bmatrix}$ を満たすような x の値を {確かめた／調べた}。

そしてすでに述べた「こと」節の集合や wh- 疑問文の集合と対応する「名詞句のこと」と同様に、この集合のなかから、具体的にどの要素に言及しているかは、文脈によって決定される。

以上の議論をまとめると、補語に間接疑問文を選択する述語と共起する「名詞句のこと」には二つのパターンが考えられる。第 1 のパターンは、「か」節が導く wh- 疑問文と対応するものであり、第 2 のパターンは、「かどうか」節が導く yes-no 疑問文と対応するものである。このような区分は、主節の述語の意味論的性質とも深く関わっている。「尋ねる」類（「質問する、調べる、調査する」など）は補語にとる間接疑問文のなかに wh- 疑問詞を持ち得るものである。これに比べて、「確かめる」類（「確認する、審査する、判断する」など）は、wh- 疑問文と結び付けることは難しいが、命題の真偽の不定性を有する補文を要求するために疑問節を形成することができる。「尋ねる」類も「確かめる」類も同様に「名詞句のこと」を補語にとるが、述語としての意味論的性質の相違から、補文にとる疑問節のタイプは異なっている。したがって、両者がとる「名詞句のこと」の意味にも若干相違が見られる。wh- 疑問詞が含まれている「か」節と対応する「名詞句のこと」は、「変項を含む命題」であり、西山（2003）の言う「変項名詞句」に対応する。「かどうか」節と対応する「名詞句のこと」は、「真偽の不確定な命題」である。両方に共通する意味論的特徴は、単なる命題ではなくて、命題に疑問のモダリティが加わっている点である。

2.3 「ように」節に対応する場合

2.1 と 2.2 では、「こと」節および「か（どうか）」節と置き換えられる「名詞句のこと」がどのような意味を果たすものなのかについて考察を行った。それに加えて本節では、述語が補文に「ように」節を要求する場合、その「ように」節と置き換えが可能な場合の「名詞句のこと」が具体的にどのような意味を表すかについて述べる。

「ように」節を要求する述語類には「祈る」「期待する」「頼む」「提案する」のようなものがある。これらの述語は「こと」節をとることも可能である。次の（34）（35）を見よう。

(34) a. 娘が元気になるように祈った。
    b. 娘が元気になることを祈った。
    c. 娘のことを祈った。
(35) a. 議長は会議を開催するように頼んだ。
    b. 議長は会議を開催することを頼んだ。
    c. 議長は会議のことを頼んだ。

(34a)(34b)と(35a)(35b)に示されているように、「祈る」「頼む」は補文として「ように」節や「こと」節をとることができる*18, 19。また(34c)(35c)に示されているように、「ように」節は「名詞句のこと」とも置き換えが可能である。

では、「ように」節に対応する「名詞句のこと」はどのような意味を表すのであろうか。この問題を解決するためには、まず、「ように」節の表す意味を把握する必要があるであろう。「ように」節の意味を論じた研究としては、前田(1993、1995、2006)が挙げられる。前田では、「ように」の導く発話内容は時間的に後から発生する事態であるため、命令や祈願など発話時点で未実現の事態に限定されると述べられている。たとえば、上記に挙げた(34a)(35a)の例で説明すると、(34a)の「娘が元気になる」ことは「祈る」という主節の事態に時間的に後続して起こる事態であり、また(35a)の「会議を開催する」ことも「頼む」という動作の後で発生する事態である。このような「ように」節の意味は主節の述語の意味論的性質とも密接な関連がある*20。つまり「頼む(依頼する)、お願いする、祈る」のような依頼、願望を意味する述語と未実現の事態を表す「ように」節は共起関係にある。

「ように」節の意味に関する前田(1993、1995、2006)の分析を、前節までに「名詞句のこと」の意味を捉えるために導入した命題の集合という分析と組み合わせると、「ように」節と置き換えられる「名詞句のこと」の意味をまず次のように表すことができる。

(36) a. 娘のことを祈った。
    b. { 娘が元気になるように / 娘が試験に合格するように / 娘が … するように } 祈った。

(37) a. 議長は会議のことを頼んだ。

b. 議長は $\left\{\begin{array}{l}\text{会議を開催するように} \\ \text{会議を予定通りに終了するように} \\ \text{会議を　…　するように}\end{array}\right\}$ 頼んだ。

さらに（37）の意味を置き換えると次のようになる。

(38) 議長は $\left\{\begin{array}{l}\text{会議を開催する} \\ \text{会議を予定通りに終了する} \\ \text{会議を　…　する}\end{array}\right\}$

という命題が発話時より後の時点で真になるように頼んだ。これらのすべてに共通するのは、「名詞句のこと」は発語時で未実現の事態を表す命題を示すということである。具体的にどの命題が選択されるかは、前節までの議論と同様に、文脈によって決定される。

3.「名詞句のこと」とモダリティ

　第2節では、述語が要求する補文とその性質との比較を通して「名詞句のこと」が表す意味を導き出した。議論を通して、「名詞句のこと」の意味範囲は「こと」節以外にも、「か（どうか）」、「ように」によって導かれる補文の領域にまで及んでいることがわかった。つまり、補文と「名詞句のこと」には次のような大きな相違が存在する。

(39) 補文の場合は、述語の意味論的性質に応じてそれぞれに特定の形式が用いられるという制限がある。これに対して、補文を名詞句に変換すれば、述語の意味論的要求に拘束されず、どの補文も「名詞句のこと」という同一表現で示すことが可能である。

このような表現の表し分けにおける相違は、如何にして生じるのであろうか。本節では、補文とそのような補文に意味的に対応する「名詞句のこと」との相違を説明するために、モダリティの観点から考察を加える。

3.1　モダリティの規定

　本節では、従来の日本語研究におけるモダリティという概念の扱いを大きく三つに分けて概観する。3.1.1では、モダリティを主観性の

現れ方において典型的なもの(「真正モダリティ」)とそうではないもの(「疑似モダリティ」)に区分した仁田(1989、1991)のモダリティの概念の捉え方に注目して概観する。3.1.2では従属節のモダリティの見方を、3.1.3ではモダリティを文の「依存関係構造」のなかで構造的に捉えた益岡(1991)について概観する。3.1.4では従来の説を踏まえつつ本書で扱うモダリティの範囲について規定する。

3.1.1　文を単位としたモダリティの定義

「モダリティ」は、"Modality could, that is to say, be defined as the grammaticalization of speakers' (subjective) attitudes and opinions" (Palmer 1986: 16)あるいは「主観性の言語化されたものである」(益岡1990: 74)などと規定される。

そして日本語の文は意味・統語的に、客観的に出来事を表した部分と、表現主体の主観的な判断や態度を表す部分といった二つの異なる層から構成されているとされる。このような考え方は、すでに多くの研究者によって受け入れられている見方である。このような特徴から、従来の日本語研究におけるモダリティという概念の捉え方は、客観的事柄に対立する概念として話し手の心的態度を表すものという規定が広く受け入れられている。つまり、主に文を単位として発話時の話し手の心的態度を表す表現形式であるという捉え方である。モダリティの基本的性格を主観性の言語化の問題として扱った益岡(1990)では、次のように規定されている。

(40) 表現者自身の判断・表現態度でなければならず、また、表現時での判断・表現態度でなければならない。

(益岡1990: 81)

このように益岡は、命題に対立する要素としてのモダリティを規定したものである。また、仁田(1989)では次のように定義されている。

(41) 現実との関わりにおける、発話時の話し手の立場からした、言表事態に対する把握のし方、および、それらについての話し手の発話・伝達的態度のあり方の表し分けに関わる文法的表現である。

(仁田1989: 2)

この規定は、仁田（1989: 2）でも述べられているように、モダリティ的な表現のうち、もっとも純粋にモダリティ的なもの・典型的なモダリティ表現である「真正モダリティ」と呼ぶものを念頭に置いたものである。ただし仁田（1989、1991）では、上記のようなもっとも典型的なモダリティに関する規定を示す一方で、典型的なモダリティの要件を欠いている場合に関しては「疑似モダリティ」と呼んで区別した。すなわち、仁田（1989）では、「表現時における」「話し手の」といった要件から外れていくにしたがって、真のモダリティから離れて行くとみなし、「疑似モダリティ」の特徴として、次のように述べている。

(42) 形式自体が、過去になったり、否定になったり、話し手以外の心的態度に言及したりすることがあるもの

(仁田 1989: 36)

仁田が言う疑似モダリティの形式は、以下の例に挙がっているような表現形式である。

(43) a. 日ごろから記者に追いかけまわされているうっぷんをはらしているのかもしれなかった。
b. かれはそこを勘違いしているようだった。

(仁田 1989: 36)

(44) a. 雨は降りそうでない。
b. 奥さんはそれほど疲れているはずはないでしょう。

(仁田 1989: 37)

(45) a. 何か食べたい？
b. 彼によれば、明日の海は大荒れになるかもしれないそうだ。

(仁田 1989: 38)

(43)に示されている「かもしれない」「ようだ」はそれ自体がタ形をとっているため、発話時の心的態度を表すものではなく、客体化された心的態度といったものとなっている。(44)の「そうだ」「はずだ」のように形式自体の否定を有している場合も「疑似モダリティ形式」となる。また、(45a)の問いかけの場合に使われる「たい」は聞き手の希望といった心的態度を表す。また、(45b)の「かもしれ

ない」は第3者の蓋然的把握といった心的態度を表す。

このように、(43)〜(45)に示されている表現形式は話し手の心的態度のほかに第3者など話し手以外の心的態度をも含んでいる。(43)〜(45)に示した「疑似モダリティ形式」は、事態に対する把握のし方を表す言語表現である。仁田（1989、1991）ではこれらの形式が表すモダリティを「疑似モダリティ」と呼び、「言表事態めあてのモダリティ」*21 を担うものであると述べられている。

以上で概観したような仁田（1989、1991）での「疑似モダリティ」の規定を考慮すれば、モダリティの概念は主観性がもっとも強い「真正モダリティ」のみに限定されず、より広い概念として捉えられ得るものと言えよう。

3.1.2 従属節のモダリティ

ここでは、従属節のモダリティの認定の問題について述べられた従来の議論を概観する。

日本語研究においては、引用節や接続節のようなごく一部の従属節を除き、従属節におけるモダリティに関してあまり議論されていない。引用節や接続節などの主節への従属度が低く、独立した文として成立する特徴をもつ従属節については、話し手の発話時における判断を表すモダリティが認められている。すなわち、発話時の話し手の判断を表すかどうかという主節のモダリティの規定がそのまま適用されている。そして同様に、発話時の話し手の判断以外の判断に関しては、モダリティの観点から接近するアプローチはあまり見当たらないようである。

しかしながら、モダリティを文末の言語表現に限定せず、モダリティの意味を幅広い観点から捉えることで、従属節のモダリティを論じた試みも見られる。山岡（1995）では、従属節とモダリティの関係を益岡とは異なった観点から議論した。山岡（1995）は、モダリティを文末の言語形式に限定することなく、発話行為論に基づく効力型のモダリティや、文が完結する（主節の言い切り）以前のあらゆる段階で命題にともなって表される心的態度までモダリティの射程に入れた研究である。

山岡（1995）では、寺村（1982）が分類した複文の類型を基準とし、従属節がもち得るモダリティには、内容指向的モダリティ（A）、行為指向的モダリティの効力型（B）と形式型（C）、聞き手指向的モダリティ（D）が認められるとされている*22。これらのモダリティと複文各型の関係は以下の（46）のようにまとめられる。

(46)

	A B C D	備考
複文1型（並立節）	××××	主節のモダリティに支配される
複文2型（仮定節）	××××	主節のモダリティに支配されない
複文3型（連体節）	○×××	〃
複文4型（接続節）	○○××	〃
複文5型（引用節）	○○○○	〃

(山岡 1995: 322 を一部修正)

　日本語モダリティ研究のなかでは、山岡（1995）に見られるような従属節のモダリティに関する認定の仕方は多数を占めるわけではない。しかし、日本語を離れて一般言語学におけるモダリティの概念を考慮すれば、従属節のモダリティを認める見方は新奇なものではない*23。ここでもう一つ、従属節のモダリティに関連して定義したPalmer（1986）の見方に触れておく。

　Palmer（1986: 15）では、モダリティの概念を主節だけではなく従属節にも平行して考えた。つまり、すでに3.1.1で引用したようにモダリティとは話し手の主観的態度だけではなく、第3者の態度も含むものとみなした上で、主節における話し手の主観的態度および従属節における態度をも射程に入れた。Palmer（1986）の従属節のモダリティに関する具体的な規定を以下に引用しておく。

(47) Many subordinate clauses, especially object complements, report the attitudes and opinions of the subjects of the main clauses, who are presented as the original speakers who expressed, or may be thought to have expressed, some kind of modality.

(Palmer 1986: 126)

具体例としては次の（48）を挙げている。

(48) a.　He requested that they should arrive early.

    b.　Mary asked John to do it.
    c.　I thought that was a good idea.

(Palmer 1986: 127)

　Palmer（1986）では、(48)における従属節は主節の主語 He や Mary や I によって態度や見解が表されたものとして解釈されるとする。Palmer（1986）では、(48a)に示されているように should のような助動詞が含まれている場合も (48b)(48c)のように助動詞がない従属節もどちらも主節の主語の判断が表明されていると捉えられている点に特徴がある。

　Palmer（1986）のモダリティの見方をまとめると、Palmer 自身も述べている如く、緩く主節のモーダルな形式によって表された話し手の見解や態度を表すものであるが、それだけに限らず従属節におけるモーダル表現も射程に入れている。

3.1.3　文の「依存関係構造」とモダリティ

　益岡は一連の研究（1990、1991、1997、2000、2007）において、文論研究の一環として文の「依存関係構造」のなかでのモダリティ形式の現れ方を把握しようとした。文を基本的に客観的な事柄を表す要素と主観的な判断・態度を表す要素という異質の2大要素から構成されるという見方から、前者を「命題」、後者を「モダリティ」と呼んだ*24, 25。たとえば、以下の例（49）のうち、「花子がもうすぐ帰って来る」が命題の領域であり、「たぶん」と「だろう」がモダリティの領域ということである。

　(49)たぶん、花子はもうすぐ帰って来るだろう。

(益岡 1991: 41)

(49)において、「だろう」は真偽判断の対象を要求するという意味で主要素の機能を果たす。「花子はもうすぐ帰って来る」は「だろう」の対象という意味で従要素である。「たぶん」は主要素「だろう」と呼応する要素である。主要素として働く「だろう」は「モダリティの核要素」であり、「たぶん」は「だろう」と呼応する「モダリティの呼応要素」である。これらの要素間には、次の(50)に示されているような依存関係が成り立っている。

(50)

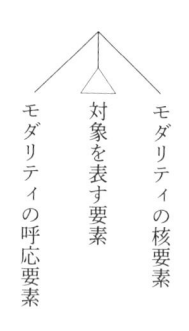

```
         △
        /|\
       / | \
      /  |  \
   モ  対  モ
   ダ  象  ダ
   リ  を  リ
   テ  表  テ
   ィ  す  ィ
   の  要  の
   呼  素  核
   応      要
   要      素
   素
```

(益岡 1991: 42)

そして、モダリティの各カテゴリー間には、互いに包み込む・包み込まれる包含関係が成立しており、階層関係を依存関係とあわせて図示すれば、以下のようになる*26。

(51)

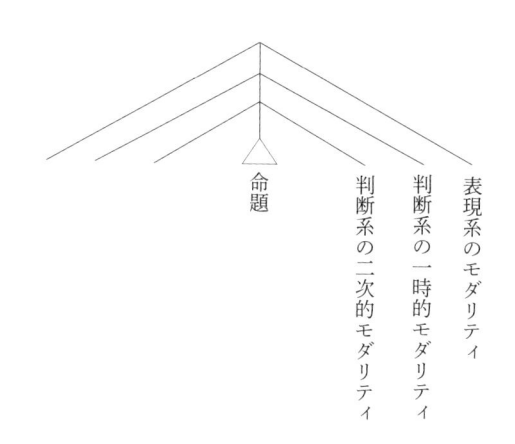

```
            △
           /|\\
          / | \\ \
         /  |  \  \
        命  判  判  表
        題  断  断  現
            系  系  系
            の  の  の
            二  一  モ
            次  時  ダ
            的  的  リ
            モ  モ  テ
            ダ  ダ  ィ
            リ  リ
            テ  テ
            ィ  ィ
```

(益岡 1991: 43)

このように益岡（1991 の他多数）のモダリティの理論は、文を階層構造的観点から見た上で、モダリティの形式が依存関係構造のなかで現れるというモダリティの構造的特徴を論じたものである。

3.1.4　広義の概念としてのモダリティ

本節では、以上で述べたモダリティの概念を総合して、本書で扱うモダリティの観点を示しておく。

本書の考察対象に関しては、仁田（1989、1991）の「疑似モダリ

ティ」の規定を考慮し、発話時の話し手の心的態度といったもっとも純粋に主観性が表されたものに限定せず、発話時以外の第3者の心的態度といったより広義の概念としてのモダリティを規定しておきたい。さらに、このような広義の概念としてモダリティを論じた山岡 (1995) や Palmer (1986) での従属節のモダリティの認定の仕方を取り入れることにしたい。したがって、本書では以下の立場でモダリティを考えるものである。

(52) 本書で考察する従属節におけるモダリティとは、表現者（話し手）あるいは表現者以外の者（第3者）の判断や態度が表されたものと規定することができる。

なお、以下の考察では、従属節の意味構造を益岡 (1991) の文の階層構造における「命題」と「モダリティ」の依存関係構造に平行するものとして分析することにする。

3.2 補文標識とモダリティ

本節では、3.1.4 でのモダリティの規定にしたがい、補文の意味的な構造に関して、「命題」と「モダリティ」の観点からの説明を試みる。

従属節における補文標識は、統語的な働きをもつと同時に、意味的には事態に対する捉え方とも深く関わっていると言える。たとえば、次の (53) を見よう。

(53) {娘が元気になる} $\left\{\begin{array}{l}こと\\か（どうか）\\ように\end{array}\right\}$

「娘が元気になる」という事態に対して、「こと」「か（どうか）」「ように」が付加されたとき、事態に対してそれぞれ異なる捉え方が表されていると考えられる。つまり、「娘が元気になる」という文に「こと」が付加されると、当該事態に対する判断が「断定」のものであるという判断が表され、「か（どうか）」が付加されると、当該事態に対して真偽の判断が「不確定」であることが表される。また、「ように」が付加されると、期待される事態に対する「願望（望ましさ）」が表される。

このように考えると、文を導いて補文を形成した「こと」節「か（どうか）」節「ように」節は、「事態そのもの」を表すものではなく、これらの表現で導かれる文の部分で表される事態に加えて、当該の事態の成立に関して断定的に捉えるか、当該の事態に対して望ましさを表す願望であるかの相違や、事態の真偽が確定しているか、不確定であるかといった事態の捉え方に関連する要素という考えに帰着する。これを補文の意味・統語的構造から見れば、次のように捉えることができる。

(54) 統語的に［［文］補文標識］の組み合わせとなっている補文は、［［事態］判断］すなわち［［命題］モダリティ］という意味的構造をなしている。

以上の考察を踏まえて、従属節における「命題」と「モダリティ」の関係を図示すれば、以下の（55）のように示すことが可能であろう。

(55) 従属節における意味的構造

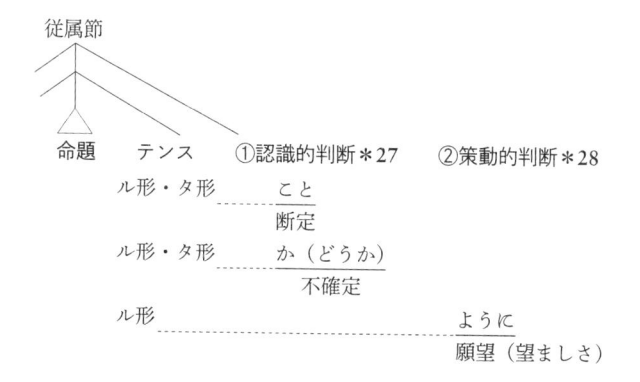

```
           従属節
          /  |  \
        /    |    \
       /     |     \
     命題  テンス  ①認識的判断＊27      ②策動的判断＊28
           ル形・タ形   こと
                      断定
           ル形・タ形   か（どうか）
                      不確定
           ル形 ─────────────── ように
                                願望（望ましさ）
```

3.2.1　従属節と主節のモダリティの連続性

以下では、上記の（55）に示した「こと」節、「か（どうか）」節、「ように」節における意味的構造を「命題」と「モダリティ」に分ける捉え方の妥当性について検討したい。具体的には、「こと」「か」「ように」が主節の文末に用いられる場合を従属節の文末に用いられる場合と比較することで、文末でのモダリティ性が従属節の場合にも平行的に考えられることを示したい。

3.2.1.1 従属節と主節の「こと」

従属節の「こと」は、主節の主語によって命題内容がすでに真であるという判断が確定されたことを表している*29。次の（56）の文は「こと」という形式を使うことによって、主節の主語「太郎」が「花子が退学した」という事態を真であると確信をもって「断定的」に話したという意味を表している*30。そのため、「花子が退学する」という事態には統語的にタ形でマークされる「テンスのモダリティ」*31 をともなっている。つまり、断定の判断を表す「こと」はその内部に「テンスのモダリティ」が現れる。

(56) 太郎は花子が退学したことを話した。

また、事態にはタ形と対立をなしているル形も現れ得る。

(57) 太郎は花子が結婚することを話した。

(57) に示されたように、「花子が結婚する」のようにル形で事態を受けた上に「こと」を付加すると、主節の主語「太郎」の事態への断定的な言い切りが表される。以上で述べたように「こと」で受けとめる事態は (56)(57) に示されているようにル形とタ形というテンスの対立で表現される。

このような従属節の「こと」のもつ断定判断と文末の「こと」の用法との間には、類似性が認められる。次の例 (58) に示された「こと」は文末で命令の意味を表している。

(58) 明日までにレポートを提出すること。

(58) の話し手は、「レポートを提出する」という事態が「明日」という未来の時点において、聞き手の遂行によって必ず成立されなければならないと断定的に言い切っている。そうすることによって命令の意味が生み出される。

文末で命令の意味を表す形式には「こと」以外にも「ように」を挙げることができる*32。ただし、「こと」による命令用法は、「ように」のもつ命令の用法との相違が見られる。従属節の「ように」に関しては詳しくは後述することとし、ここでは文末の「こと」の命令用法と類似した「ように」の場合を取り上げるにとどめたい。次の例 (59) は「ように」が文末で用いられ、命令の意味を表す場合である。

(59) 明日までにレポートを提出するように。

(59)の「レポートを提出する」という事態を「ように」で受けると、「レポートを提出する」という事態が聞き手の遂行によって未来の時点で成立することが望ましいという旨を表す。すなわち、命令用法における「ように」と「こと」の相違は、「ように」による命令が未来における事態の成立の望ましさを表すのに対して、「こと」による命令は未来において既定の事態として成立しなければならないという当為性を表している。

　文末における「こと」の命令用法は、未来の時点で既定の事態として当為的に成り立つと断定的に言い切ることによって生み出される用法である。既定の事態として断定的に言い切るという点は従属節における「こと」にも適用される*33。ただし、命令の意味になるか否かは、事態への判断だけを表したいか、事態への判断に加えて事態の成立への聞き手の関与を要求するかによって決定される問題である。前者のような意味で使用された場合が従属節の「こと」の用法に当たり、後者は文末の「こと」の用法に当たる。

　以上のような事態の成立に対する真偽の判断を確かなものであるとする「こと」節に対立するものが、真偽判断の未定を表現する「か」節である。次の3.2.1.2では、「か」について説明する。

3.2.1.2　従属節と主節の「か」

　従属節の「か」は主節の主語において、話し手にとって命題の真偽が不確定な場合、その答えを聞き手に要求することを示す場合に用いられる。ここでの不確定とは、「その話し手において、真である命題の一部の要素が欠如していたり（wh-疑問）、その命題が真であるかどうかが定められない（yes-no疑問）ということ」（森山1989: 76）を意味する*34。つまり、命題のなかのどの部分が不確定であるかによって、wh-疑問となったり、yes-no疑問となったりする*35。命題のなかの一部の項が不確定な場合はwh-疑問詞によるwh-疑問となり、命題の真偽値が不確定な場合はyes-no疑問となる。従属節においては、前者の場合は「か」が用いられ、後者の場合は「か」または「かどうか」で表される。

　このような従属節における「か」の機能は文末に用いられる場合も

同様に働く。次の（60）の疑問文における「か」は命題に対する真偽の判断が確定されていないことを表し、聞き手に情報を求めている用法である。

（60）a. 誰が欠席しましたか。
　　　b. 明日は晴れますか。

（60a）は、命題内容の一部の要素が欠如している場合であり、（60b）は「明日は晴れる」かどうかという事態の成立が不確定であることを表す[36]。

以上で述べたことをまとめると、「か」の表すモダリティは、命題内容に対する真偽の判断が下せない不確定判断を表現するものであり、かつ「か」のモダリティは、文末と従属節において平行している[37]。ただし、両者の相違点は、文末の「か」は表現者（話し手）の表現時での判断のみを表すという点で純粋に主観的なものであるのに対して、従属節の「か（どうか）」は主節の主語、すなわち表現者以外の者の判断をも表し得るという点である。

3.2.1.3　従属節と主節の「ように」

最後に、「ように」節の意味的構造について説明する。次の例（61）のような従属節における「ように」は主節の主語の未実現の事態に対する期待や願望を表している。

（61）私は娘が試験に合格するように祈った。

このような「ように」の用法は、文末で「命令」「依頼」「祈願」を表す用法と連続している。（62）は文末で命令あるいは依頼を、（63）は祈願を表す例である。

（62）明日は8時まで出勤するように。

（63）安全に家まで到着するように。

文末で「命令」「依頼」「祈願」を表す「ように」はいずれも、発話時にはまだ未実現の事態であるが、未来のある時点においては事態の成り立ちが期待されるという判断を表す。このような「ように」の用法は、事態を捉える際に動詞のル形に制限されることと密接に関わっている。また、従属節における「ように」の場合もル形のみで事態を捉える点は同様である。以上のことから「ように」節の場合においても

文末の「ように」の用法と同様、未実現の事態に対する願望や期待という判断が示されていると言える[*38]。ただし、文末で使用された際の「ように」の用法のうち、「依頼」「祈願」のみが「名詞句のこと」という表現と対応している。

ところで、「ように」節は「こと」節に置き換えることも可能である。とは言っても、両者は捉え手の事態に対する捉え方がまったく同じわけではない。

(64) a. 私は娘が試験に合格するように祈った。
　　 b. 私は娘が試験に合格することを祈った。

(64a)のように「ように」を使った場合は、未来における事の成立への望ましさのみが表されている。(64b)のように「こと」を使った場合は、未来における事態の成立への望ましさが確定的な言い切りで表されている[*39]。

以上、「命題」と「モダリティ」の観点から、従属節の「こと」「か」「ように」という形式を文末でのモダリティの用法と平行的に捉えることで、これらの形式がモダリティを表すものであるということを示した。

3.2.2 従属節の補文標識と主節述語の意味的カテゴリーとの相関関係

上述の通り、従属節における「こと」の断定、「か（どうか）」の不確定、「ように」の願望（望ましさ）といった意味は、主節の述語の意味的カテゴリーと相関して表される。以下では、従属節の「こと」「か（どうか）」「ように」と主節の述語との相関関係について述べたい。

同じ事態に関する言及であっても、捉え手が当該の事態の成立をどのように認識するかによって異なる形式を選択すると言える。前出の(53)を見れば、「娘が元気になる」という事態に対する捉え手の態度は「こと」「か（どうか）」「ように」によって示される。

再掲 (53) {娘が元気になる} $\begin{Bmatrix} こと \\ か（どうか） \\ ように \end{Bmatrix}$

すでに3.2.1で示したように、「こと」「か（どうか）」「ように」はそれぞれ固有の意味があり、どの形式が選ばれるかは述語の意味的カテ

ゴリーと相関関係を有している＊40。三つの形式に導かれる補文と述語の意味的カテゴリーの詳細を示すと次のようになる。

(65) 補文を導く「こと」「か（どうか）」「ように」と共起する述語のカテゴリー＊41

 (i)「こと」を選択する述語＊42

  話す、伝える、報告する、自白する、述べる、議論する、思い出す、知る、判明する

 (ii)「か」を選択する述語

  「か（どうか）」：尋ねる、問う、質問する、教える、白状する、調査する

  「かどうか」：確かめる、確認する、判断する、審査する、評価する

 (iii)「ように」を選択する述語

  願う、期待する、祈る、望む、頼む、お願いする

以下では、上記の述語の意味特性について述べると同時に、複文において述語の意味特性に合致する補文のみが選択されることについて述べる。

まず、「こと」を選択する述語の意味特性である。(65) の (i) に示されている述語は、補文の内容が真であるという話者の断定判断を述べる述語類である＊43。このような述語の意味特性からは「こと」が選択される。ある事態が「こと」に導かれる場合、事態の内容について捉え手が既定の事実として断定判断を下したものであるからである。

次に、(65) の (ii) に属する述語類は、疑問や質問と密接な関係をもっているものや情報の不確定性に関わるものである＊44。この述語類の補文としては、捉え手において真偽の判断が下せない不定判断を表す「か（どうか）」が選択されるわけである。

最後に (65) の (iii) に示した述語類は、未来の時点において事態の成立への期待を表すものである。そのため、これらの述語類は補文として願望（望ましさ）を示す「ように」節を選択する。

以上のような補文の「こと」「か（どうか）」「ように」と主節述語の意味的カテゴリーとの対応関係を図示すると、次の (66) のよう

になる。

(66) 主節述語と補文標識との関係

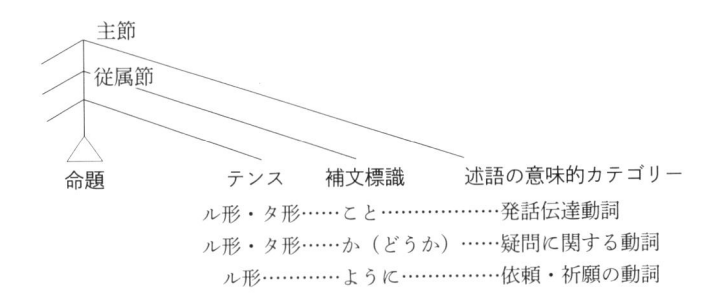

```
            主節
        ／｜＼
     従属節
   ／｜＼
  △
 命題     テンス     補文標識     述語の意味的カテゴリー
         ル形・タ形……こと……………発話伝達動詞
         ル形・タ形……か（どうか）……疑問に関する動詞
         ル形…………ように……………依頼・祈願の動詞
```

3.3 「名詞句のこと」のモダリティ

3.2では、「こと」「か（どうか）」「ように」に導かれる従属節の意味的構造に関して、「命題」と「モダリティ」の観点から述べた。本節では、これらのすべての補文に対応してほぼ同じ意味を表すことができる「名詞句のこと」について、補文と同様にモダリティを認めることができるかを検討したい。

すでに述べたように、従属節の場合、主節述語の意味と相関して、それぞれの意味と合致するモダリティを表す補文標識が用いられる。

(67) a. 彼は娘が元気になったことを話した。
　　 b. 彼は娘が元気になるか（どうか）を確認した。
　　 c. 彼は娘が元気になるように祈った。

上記の(67)のように、従属節ではそれぞれ定まった形式によって文が導かれるが、これらの従属節は以下の(68)で示したように、すべて「名詞句のこと」を用いて表すことができる。

(68) a. 彼は娘のことを話した。
　　 b. 彼は娘のことを確認した。
　　 c. 彼は娘のことを祈った*45。

述語によって選択される補文のタイプは決まっているわけであるが、上記(67)のすべての補文が(68)の「名詞句のこと」に交替できることからわかるように、「名詞句のこと」はどの述語とも呼応して述語による制約を受けない。このことから、「名詞句のこと」によって事態そのものに加えて、「こと」「か（どうか）」「ように」による従

属節のモダリティ性が表現されていると考るべきであろうか。

　実は、述語による制約を受けないことに対して、「名詞句のこと」がモダリティ性を含むと考えることは、唯一の解決策ではない。むしろ、制約を受けないという事実は、「名詞句のこと」はモダリティに関して中立であることを示しているとも考えられる。

　ここでもう一度、従属節の意味構造を図式化した（55）を参照されたい。

再掲（55）従属節における意味的構造

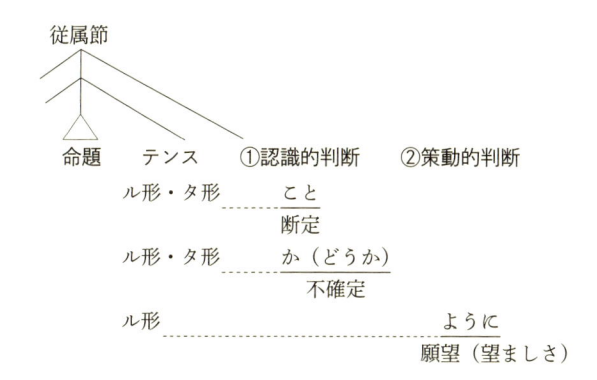

```
              従属節
               /|\
              / | \
             /  |  \
            △  テンス   ①認識的判断    ②策動的判断
           命題
                ル形・タ形    こと
                ─────────────
                              断定
                ル形・タ形    か（どうか）
                ─────────────
                              不確定
                ル形                        ように
                ───────────────────────────
                                        願望（望ましさ）
```

　このように、従属節の意味構造は、命題に対してテンスとモダリティが重層的に付加されることで構築される。これに対して、本来名詞である「こと」が表すことができるのは、「命題」の部分のみであり、テンスとモダリティを表す構造はもたないと考えるのが自然である。

　ただし、名詞句がテンスとモダリティの構造を持たないということは、必ずしも名詞句の意味が文に比べて限定されていることを意味しない。西山（2003）によれば、名詞句はそれ自体の言語的意味を有し、世界のなかの対象（個体や種類）を指し示す機能を果たすが、名詞句の機能は指示機能だけに限定されるわけではない。指示的であるか、非指示的であるかの解釈は、発話される状況に応じて決定される。

　独立して用いられた名詞「こと」の意味については、Takubo（2007）、田窪（2010）が、物事（thing）、出来事（event）、事実（fact）、あるいは命題（proposition）、いわゆる形式名詞（語彙的内容がないかあるいは希薄な名詞）など、広範な領域に及ぶと述べている。

名詞句とは逆に、補文の意味は、それを導く補文標識によって狭い範囲に制限される。たとえば、「こと」は真であると判断される命題を示す標識である。また「か」は真偽が決まっていない命題や命題の要素（項）が欠けている文を導く標識である。さらに、「ように」は未来に成り立ってほしい出来事を示す標識である。つまり、それぞれの補文の標識は、ユニークな意味特徴を有し、述語の意味的特徴と呼応して選択される。

　以上をまとめると、「名詞句のこと」自体の意味はモダリティに関しては中立であり、その具体的意味は、それぞれの述語と組み合わさったとき、述語の意味論的性質に応じて決定されると考えられる。たとえば、「話す」「説明する」のような伝達系の述語となら、属性や出来事の解釈が選択され、「聞く」「尋ねる」のような疑問を表す述語となら、変項名詞句に解釈される。「願う」「祈る」のような願望系の述語となら、未来に成り立つ出来事という解釈が選択されると考えられる。

　以上、三つのタイプの従属節は事態を既定の事実として捉えられた「断定」判断や真偽の「不確定」、未実現の事態に対する「願望（望ましさ）」という従属節自体の意味を表すとまとめることができる。この三つのタイプの従属節と同等な意味として対応する「名詞句のこと」は、従属節が帯びている［［命題］モダリティ］の意味構造に関しては中立的であるとみなすことができると考える。ゆえに、一つの表現形式によって三つの補文の表す意味を一様に示すことができる。

4. 本章のまとめ

　本章は「名詞句のこと」と述語が選択する補文のタイプとの対応関係を比較検討することによって、「名詞句のこと」の意味範囲をより明確にすることを目的としたものである。検討の出発点として、寺村（1968）の分析を取り上げ、「コト性」を表す「名詞句のこと」の意味は、「こと」という表現の「〜」の部分に現れる名詞句に対応する叙述内容を表すという点で「こと」節と重なることを指摘した。従来の研究では「名詞句のこと」の意味を探るに当たり、「こと」節以外

に対応する従属節のタイプについてほとんど検討されていない。本書では、従属節の意味的特徴を踏まえて「名詞句のこと」の意味を検討することによって、「名詞句のこと」の意味の詳細を異なる角度から明らかにすることを目指した。第2章での考察を通して明らかになったことをまとめると、次の通りである。

　第1に、「名詞句のこと」は補文として「こと」節をとる述語以外にも、「か（どうか）」節「ように」節を要求する述語の補部にも現れることを指摘した。したがって、「名詞句のこと」の意味範囲は「こと」節が対応するものより広い範囲に及んでいることになる。

　第2に、このような「名詞句のこと」の具体的な意味は、「こと」節に対応する場合は「事態が真であることを表す命題の集合」から文脈によって選び出された特定の命題を表し、「か（どうか）」節と対応する場合は「命題のなかに変項を含む命題関数の集合」から選び出された要素を、また「ように」節に対応する場合は「未来の時点で真になることが予測される命題の集合」から選び出された要素を、それぞれ表すことがわかった。

　第3に、「名詞句のこと」に対応する従属節の間の意味的相違を検討した。その結果、「こと」節と「ように」節は平叙文の形でそれぞれ、当該事態に対する真偽判断が真であるという判断と、期待される事態に対する「願望（望ましさ）」を表し、「か（どうか）」節は疑問の形で当該事態に対する「不確定性」という真偽判断を表すことがわかった。「こと」節、「か（どうか）」節、「ように」節のような従属節のタイプは主節の述語によって選択されるものであるが、従属節の「断定」「不確定」「願望（望ましさ）」のような性質は従属節自体がもっている独自のものとみなされる。

　第4に、文の意味を「命題」と「モダリティ」に二分する益岡の一連の研究に基づいて、「名詞句のこと」と「こと」節の意味範囲の相違を捉える試みを行った。三つの従属節のタイプ（「こと」節、「ように」節、「か（どうか）」節）には、事態の捉え手（表現者および表現者以外の者）の事態に対する「断定」、期待される未実現の事態に対する「願望（望ましさ）」、事態に対する「不確定判断」といった判断が関与している。このような判断は事態の生起の蓋然性（断定、不

定判断）や当為性（願望）に対する捉え手の判断が働いているものである。これは事態に対する蓋然性判断を行う認識のモダリティ（epistemic modality）と当為性判断を行う策動的判断（deontic modality）に近いものであると言える。一方、これらの補文が表す意味内容を変えることなく同等な意味として対応する「名詞句のこと」の場合は、各補文の有する［［命題］モダリティ］の意味構造に関しては中立的になる。「名詞句のこと」は補文とは異なって［［命題］モダリティ］という別々の意味領域に表し分けることができず、文脈によって「命題」と「モダリティ」が明らかになる。そのため、「名詞句のこと」はどの述語とも自然に共起が可能になる。つまり、「名詞句のこと」は大まかに「断定」「不確定」「願望（望ましさ）」の三つを含む表現であるが、そのうちどれを表すかは文脈に応じて決まる。

　以上、第2章では、述語の意味論的性質や述語が要求する補文との比較を通して、「名詞句のこと」と対応する各補文との対応関係を明らかにした。その結果、その対応する補文の意味論的性質から「名詞句のこと」がどのような意味範囲を表す表現であるかをより明確にすることができた。第2章での考察の結果からは、「名詞句のこと」によって表現できる意味が「こと」節では表現できないという意味範囲が存在することがわかった。このことから「名詞句のこと」が表す意味範囲は、「こと」節より広い範囲に及んでいるということが言える。ただし、「名詞句のこと」と「こと」節の間には異なる対応パターンも存在する。この点については次の第3章で詳細に述べることとする。

---

*1　第2章の内容は金（2009）を修正補充したものである。なお、金（2011）の第2章に当たる内容に加筆・修正を加えたものである。
*2　「??」は文法的には可能であるが、完全な文として自然さが欠けていることを示す。
*3　「か」節が埋め込まれた文において格助詞「を」の介在は自由である。また、「かどうか」節の場合も（7b）に示されているように同様である。
*4　日本語の補文構造の統語的特徴に関する包括的研究としてNakau（1973）、

Josephs（1976）、井上（1976）などが挙げられる。
＊5　名詞化補文標識「こと」「の」の固有の意味素性を分析した研究として Josephs（1976）が挙げられる。そこでは、「こと」と「の」にはそれぞれ「indirect」「direct」という異なった固有の意味素性があり、これらの分布は主節の述語の意味との関係から説明され得ると述べられている。また疑問節を導く「か」については、藤田（1983）を挙げることができる。藤田（1983）は、「か」節と呼応する述語の意味的な類型化を試みた研究である。詳細は藤田（1983）を参照されたい。また、疑問文の意味について形式意味論の立場から論じた研究には Hamblin（1973）、Karttunen（1977）などがあるが、本書では疑問文の意味自体を直接扱うわけではないので、詳細には立ち入らない。
＊6　このような分析は Josephs（1976）においてすでに試みられている。
＊7　ここで寺村（1980）はコト名詞に隣接するグループとして、「思う」つまり思考、感情に関する動詞のグループを指摘している。その名詞類は以下のようなものである。
　（i）　「思ウ」類⇔思考の名詞
　　　思イ、考エ、想像、期待、意見、思想、仮定、前提、信念、疑イ、邪推、～観、気、気持、…　　　　　　　　　　　　　（寺村 1980: 254）
＊8　さらに寺村（1981）では、「もの」との比較を通して「こと」の実質的意義とその形式化を追求するなかで、「こと」の指示対象については以下のように指摘されている。
　　命題で表されるような内容や、動詞、形容詞で表される動作、作用、変化、状態、属性などを一般的に概念として表したもの　　　　（寺村 1981: 754）
＊9　意味論で使用される「属性」とは、個体がもっている性質の集合、もしくは一つの要素が欠けている述語（predicate）の集合を指す。
＊10　「集合」の概念について、公平・野家（1979）から引用しておく。
　　集合（set）とは任意の種類の者あるいは存在者の総体もしくは集まりのことである。集合を指すのにしばしば「クラス」とか「グループ」という別の語が用いられる（これらの語もまた数学では別の専門的用法をもってはいるけれども）。集合はいくつかの要素（elements）または元（members）から成っている。たとえば、すべてのスエーデン人の集合とか、ある図書館のすべての本の集合とかいったように。集合論は集合にそのような制約を課さない。集合は全く関連性のない諸要素から作り出すことができる。たとえば、スエーデン首相、火星の最小の惑星、7の平方根から成る集合を考えてもよいのである。　　　　　　　　　　　　　　　　　　　　　（公平・野家 1979: 3）
さらに詳しいことは、公平・野家（1979）の第2章を参照されたい。
＊11　笹栗らの研究（笹栗 1999、笹栗・金城・田窪 1999）の最大の関心は「こと」の付加が義務的な場合の分析を通して得られた結論である、「名詞句のこと」が属性の集合であるという考え方を、付加が随意的な場合にも適用して、両者を統一的に説明しようとすることである。
＊12　開放文（open sentence）は述語論理学で扱われる用語で、述語の項に当たる要素が一部欠けている文のことである。欠けている項として様々な個体を当てはめることで、色々な文を値として与える。たとえば、「～は賢い」の「～」の個体「花子」を当てることで「花子は賢い」という文を成立させる。

*13　ただし、「調べる」は「取り調べる」の意味として用いられる場合には、名詞に「こと」を付加しない。以下に例を挙げておく。
　（i）a.　　警察官は花子を調べている。
　　　b. ?? 警察官は花子のことを調べている。
*14　従属節に現れる「か」には、主節の述語によって選択される場合とそうではない場合とがある。本書では、(22) のように述語によって選択される「か」節を考察対象とする。述語によって選択されない「か」節の例は、たとえば次のような場合が挙げられる。
　（i）　今日は天候が暖かいからか、鳥たちがいっぱいさえずっている。
このような「か」による従属節に関する研究として、安達 (1995) を参照されたい。
*15　西山 (2003) では、文のなかで名詞句は「指示する (refer to) という機能」を担うと述べた上で、このような働きを「意味機能」と呼んで、名詞句それ自体の言語的意味とは区分している。
*16　(29) におけるそれぞれの X は、命題ごとに異なる値をとる。たとえば、「所在地」の値なら「東広島市鏡山」であり、「学生数」の値は「約 15,000 人」である。
*17　「かどうか」節のなかには wh- 疑問詞が生じないことは、次のような例に示されている。
　（i）a. ?? 太郎は花子の点数が何点であるかどうか尋ねた。
　　　b. ?? 太郎は花子が試験をいつ受けるかどうか確かめた。
　　　c. ?? 次郎は花子が会議に何時に出席するかどうか確認した。
*18　ただし、「ように」節と「こと」節は統語的観点から見ると、異なる単位である。Nakau (1973) は日本語の補文構造の統語的特徴に関するもっとも包括的研究である。Nakau によれば、「こと」節は名詞句を形成するのに対して、「ように」節は文を形成する。Nakau (1973) は日本語補文の構造を統語的特徴にしたがって noun complementation と predicate complemetation の2タイプに分類し、両者の統語的違いを明らかにした。noun complementation は文のなかにもう一つの文が埋め込まれる際、名詞 (N) より前に立ち、名詞句 (NP) によって支配される。一方、predicate complementation は埋め込み文が述語の前に立ち、動詞句 (predicate phrase) によって直接支配される。それぞれの統語構造を示すと以下のように示すことができる。
　（i）　noun complementation：[S　N]$_{NP}$
　（ii）　predicate complementation：[S　Pred]$_{Predp}$
　　　　　　　　　　(Nakau 1973: 86 統語構造の示し方は筆者による)
noun complementation のうち、特に形式名詞「こと」「の」「ところ」によって導かれる補文の場合、sentential nominalizations と名づけられている。それぞれに該当する補文には「こと」節・「の」節と「と」節・「ように」節が挙げられる。本節の考察対象である「こと」節と「ように」節は、以上の Nakau (1973) で論じられているような異なる統語的特徴をもつ補文である。
*19　「こと」節と「ように」節の相違については、本章の第3節の 3.2.1 で述べることにし、ここでは「ように」節の意味に焦点を当てて述べることにする。
*20　従属節に「ように」節を要求する主節の述語の種類を大別すると認識系の

思考・知覚動詞（「思う」、「見える」など）と待ち望み系の命令・祈願を表す述語（「進める」、「祈る」など）がある。それぞれの述語の分類および述語によって表される「ように」の意味用法の詳細や相違に関しては、前田（2006）を参照されたい。

*21 仁田（1989: 2）では、モダリティを大きく「言表事態めあてのモダリティ」と「発話・伝達のモダリティ」とに分けた。前者は、発話時における話し手の言表事態に対する把握の仕方の表し分けに関わる文法表現であり、なかには「発話時」や「話し手の立場からした」といった要件を欠いたあり方で使われたもの（「疑似モダリティ形式」）がある。また後者は、文を巡っての発話時における話し手の発話・伝達的態度のあり方に関わるものである。

*22 山岡（1995）による（A）～（D）に該当するそれぞれのモダリティの種類を次に示しておく。まず、内容指向的モダリティ（A）は、たとえば仁田（1989）の「言表事態めあてのモダリティ」の類とほぼ一致するものである。次に、行為指向的モダリティの効力型（B）は意思表出の「たい」や依頼表現の「てほしい」「てもらいたい」、意思動詞の非過去形（「頑張る」「逮捕する」など）による意思表出などのように、本来モダリティ形式とは認められないものの効力（force）において、モーダルな意味をもつものである。そして行為指向的モダリティの形式型（C）はモダリティの形式として認められるものであり、動詞の命令形や「（よ）う」などを指す。聞き手指向的モダリティ（D）は、丁寧文体や問いかけ、終助詞の機能などが当たる。

*23 モダリティの概念の規定に関しては、一般言語学と日本語学においてはそれぞれの伝統を踏まえて若干違いがあるようである。その違いについて、山岡（1995）では以下のように述べられている。

　　本稿での議論は、モダリティを文末の言語形式に限定する考え方に二つの側面で、積極的に反対している。一つは効力型のモダリティを認める考え方で、モダリティを単に構文・意味論の問題に局限せず、発話行為論まで射程に入れることである。これは筆者がこれまでも示してきた考えである。いま一つは、モダリティを文末の専有物と考えずに、文が完結する以前のあらゆる段階で、命題に伴って表される可能性があることを示している。これは言語学上の本来のモダリティの概念からすれば当然のことだが、日本語では、陳述論争の延長上にモダリティが議論されたため、どうしてもモダリティ論が文末に集中する傾向がある。　　（山岡 1995: 323、下線は筆者による）

*24 事態を表す部分と事態に対する判断や態度が表現された部分に対する「命題」と「モダリティ」という捉え方は、用語は異なっても他の論者においても同様に捉えられる一般的な概念である。たとえば、「命題」「モダリティ」はそれぞれ仁田（1989、1991）の「言表事態」と「言表態度」に対応し、森山（1989）の「コトガラ」と「ムード」に対応する。

*25 益岡の一連のモダリティ論は「構成的モダリティ」の立場からのものである。このような立場の表明に関する記述は益岡（2007）で述べられている。

*26 各モダリティの下位分類や各カテゴリー間の階層関係の全体像は益岡（1991: 44）を参照されたい。

*27 本書での認識的判断とは、益岡（1991の他多数）での判断系の「一次的モダリティ」のうち「真偽判断のモダリティ」と称されたものの帯びる性質とほぼ

一致する。認識的判断は事態への蓋然性判断と関係がある。

＊28　本書での「策動的判断」とは、森山（1989）の「策動的なムード形式(deontic mood)」に近いものである。本書での考察対象である「ように」は形式自体にテンスの分化がない点で、森山（1989）における「策動的なムード」のうち形式にテンスの分化のない形式「しよう、しろ」のような意志や命令の形と同様な特徴を有している。策動的判断は事態の当為性に関する判断である。

＊29　「こと」節にモダリティを認めるかどうかに関しては、研究者によって見解が分かれている。益岡（2007）は、「文」に「こと」を付加されると命題化されるとし、「こと」節自体にはモダリティを認定しない立場をとっている。また、益岡（1991、2000）では、事態名詞「こと」を基準にし、「こと」の内部に入りうるモダリティ形式は命題内要素（「二次的モダリティ」）とみなし、入りにくい要素は話者の主観性を表すモダリティ形式（「一次的モダリティ」）とみなした。一方、久野（1973）は、「こと」節で表される命題が真であるという話者の前提が働いていると考えた。久野（1973）には、「こと」に関して、直接モダリティという記述が見られないが、話者が命題をどのように捉えているかという話者の態度や判断が表されたものとして認定されていると考えられる。このような久野（1973）の考えに対して、益岡（2007）は、久野（1973）の言う「真であるという前提」は、命題が抽象化されることから語用論的に導き出されるという立場から反論している。

＊30　益岡（1991: 110）の「既定真偽判断」に近いものである。

＊31　「テンスのモダリティ」という名称は益岡（1991）に基づいたものである。益岡（1991）において「テンスのモダリティ」とは、「所与の事態を時間の流れのなかに位置づける働きをするモダリティ」（益岡1991: 55）のことを意味する。益岡（1991）では、時の位置づけに関して対立している例として以下のような例を挙げて説明された。

　（i）　むかし、不津井にほら吹きの船頭さんがいた。
　（ii）　下津井にほら吹きの船頭さんがいる。　　　　　　　　　（益岡1991: 55）

(i)と(ii)はある人の存在を表す点では共通しているが、時の位置づけに関しては対立している。「テンスのモダリティ」は、モダリティの格要素として「〜タ」という形式を持ち、呼応要素として「むかし」「かつて」などの形式を有するとされる。詳しくは益岡（1991）を参照されたい。

＊32　「こと」「ように」など文末表現による命令以外に、動詞の活用による命令形も存在する。活用による命令形が直接的命令の用法であるとすれば、「こと」「ように」による命令は間接的命令であると言える。活用による命令形は従属節に納まると引用節の「と」節で表される。以下に該当例を挙げておく。

　（i）　a. ここでタバコを<u>吸わないで</u>。
　　　　b. ここでタバコを<u>吸わないで</u>と注意された。

「と」節は「名詞句のこと」に対応しないため、本書では活用形の命令形に関してはこれ以上詳しく立ち入らないことにする。

＊33　ここでは「こと」節の意味を大まかに「既定の事態に対する断定的判断」を表すと述べるにとどめておくこととし、「こと」節のより詳細な意味に関しては、第3章での議論に譲ることにする。第3章での議論の要点を少し述べておくと、「こと」節の意味は「命題」という概念で一様に捉えるより、「命題」の下位概念

として「事態」と「事実」とに区分して捉えることが妥当であるというものである。

*34 このような疑問文の定義は、森山 (1989) の記述にしたがったものである。疑問文と命題に関する言及は、森山 (1989: 76) を参照されたい。

*35 wh- 疑問と yes-no 疑問について、益岡 (1991) では、それぞれ「疑問語疑問」「真偽疑問」と呼んでいるが、指し示す内容は同様である。

*36 文末での yes-no 疑問は従属節においては、「か（どうか）」で示されるが、主節においては「か」のみで表される。

*37 従属節と文末における「か」の機能の連続性に関してはすでに安達 (1995) によって指摘された。安達 (1995) は、従属節の「か」を判断の不確定性の表示とみなし、文末に付加される「か」の用法も同様に不確定性の機能から派生してくると考えた。ただし、安達 (1995) で考察された「か」節は、本書で対象とする埋め込み疑問文ではなく、たとえば「日曜日だからか、今日は人通りが多い」のような場合である。このタイプは、挿入節（主節的成分）であり、主節の述語によって選択されたものではない点で純粋な従属節ではない。

*38 前田 (2006) では、主節末の「ようだ」という形式と従属節の「ように」、文末の「ように」との連続性が述べられている。

*39 この「こと」節の意味は、すでに 3.2.1.1 で述べたことと同様である。このことは、「こと」節の場合、呼応する主節の述語の意味的カテゴリーは異なっても、「こと」の基本的意味は同じであることを示している。

*40 日本語における補文標識の選択と主節の述語の意味との関連性に関してはすでに井上 (1976) で指摘されている。そこでの述語の意味とは、個別的特性として扱うのではなく、叙実述語、含意述語などの一般的特徴から接近したものである。

*41 それぞれの補文標識をとる述語の種類は数多くあるが、本書では、「名詞句のこと」をもとることが可能な述語類のみを列挙しておくことにする。ここに挙げた述語のなかには、複数の補文のタイプを選択するものもある。

*42 「話す」「伝える」の場合は、「と」という標識をとることも可能である。

*43 いわゆる叙実述語 (factive predicate) と呼ばれるものである。

*44 本書で取り上げた疑問節をとる述語のカテゴリーに関しては、日本語における研究が見当たらなかったため、英語における補文と述語のカテゴリーに関して詳細に述べた稲田 (1989) を参考にした。

*45 「ように」節に当たる意味内容を「名詞句のこと」という名詞句で表現する際には格助詞「を」が必要となる。

第 3 章
「名詞句のこと」と「こと」節の相違[*1]

1.「こと」の使用上の制限

　第 2 章の考察を通して、「名詞句のこと」の意味範囲が、「こと」節以外の従属節に相当するものも含んでいることが明らかになった。この点では「名詞句のこと」の意味範囲が「こと」節より広い範囲に及んでいると言える。本章では、逆に「こと」節のほうが「名詞句のこと」より広い意味範囲を表すように見える場合を取り上げる。

　すでに第 2 章で指摘したように、「こと」節と「名詞句のこと」は適切な文脈が与えられれば同等な意味として交替可能である。ここでは両者が交替できる例として（1）を挙げておく。

（1）妹が一月に二番目の子どもを出産した。
　　a.　友だちに妹が出産したことを話すと、心から祝福してくれた。
　　b.　友だちに妹のことを話すと、心から祝福してくれた。

（1a）のように「こと」節が使用されると、「こと」の具体的内容が「妹が出産した」という修飾節によって明示される。一方、（1b）のように「名詞句のこと」が使用されると、具体的内容は「妹の」という名詞句によって部分的に示されるのみである。しかし、内容がどの程度明示されるかという点に相違があるものの、この文脈では「こと」節も「名詞句のこと」も違和感なく使用できる。

　ここで興味深いのは、次の（2）のような文脈では、「こと」節は使用可能なのに、「名詞句のこと」を使用すると不自然に感じられるという事実である。

（2）卒業式の最中に、いつもは厳しい先生が突然泣き出した。
　　a.　その場にいたみんなが、先生が泣き出したことに驚いた。
　　b.??その場にいたみんなが、先生のことに驚いた。

さらに、同じ「先生が泣き出したこと」という文脈を承ける場合でも、(3) のような例では「こと」節も「名詞句のこと」も使用可能である。

(3) 卒業式の最中に、いつもは厳しい先生が突然泣き出した。
  a. 家に帰って<u>先生が泣き出したこと</u>を話したら、みんな驚いていた。
  b. 家に帰って<u>先生のこと</u>を話したら、みんな驚いていた。

(2) (3) はどちらも「先生が泣き出した」という同様の事実を指しているが、(3) のような文脈では「こと」節と「名詞句のこと」が自由に交替可能であるのに対し、(2) のような文脈では「名詞句のこと」が使用できない。これらの例を見ると、「こと」節と「名詞句のこと」の表す意味に重なる領域と異なる領域があることがわかる。

しかし、従来の研究には、このような「こと」の使用上の制限に関する記述は見当たらない。また、「こと」の意味を巡る従来の研究を検討すると、研究者により様々な概念が使用され、それらの概念の異同が明確に定義されていないという問題が見いだされる*2。この問題は、上記の例文 (2) (3) のような「こと」の意味を詳細に記述しようとする際に重大な問題となる。

そこで第3章では、(2) (3) のような観察を背景に、「こと」節と「名詞句のこと」との関係に焦点を絞り、どのような場合に両者が使用可能であり、また可能ではないのかを検討することで、両者の表す意味にはどのような類似点と相違点があるかについて詳細に分析を行う。そして両者の相違点を述べるために、従来の研究で使用されてきた「事態（event）」および「事実（fact）」という概念を独自に定義し直し、それによって両者の意味を明確に区別することを試みる。

以下、本章の構成は次の通りである。

第2と第3節では、先行研究における「名詞句のこと」および「こと」節に関する議論をそれぞれ検討しておく。まず第2節では、寺村の一連の研究（1968、1980、1981、1993）や笹栗（1999）、笹栗・金城・田窪（1999）、Takubo（2007）、田窪（2010）の研究を中心に具体的に検討する。次に第3節では、「こと」節の意味に関して、「命題」という概念の重要性を強調した益岡（2007）の主張を取

り上げて検討を加える。そして第4節では、「命題」の概念をさらに細分化する可能性について検討し、さらに、「事態」と「事実」の区分が有効であることを裏付けるいくつかの証拠を示したい。最後に第5節で本章の考察結果をまとめる。

2.「名詞句のこと」の意味

　従来の研究においては「名詞句のこと」の意味に関して、名詞句への「コト性」の補充とみなす考え方と、「個体の属性の集合」とする考え方がある。これらの考え方に関しては、すでに第2章で「名詞句のこと」と「こと」節の意味的対応関係を説明するために言及した。本節では、(2) と (3) に示されているような「こと」節と「名詞句のこと」の交替におけるずれを解明するための手がかりを確保するために、それぞれの考え方に関してより詳細な検討を加える。以下、2.1では名詞句への「コト性」の補充という考え方について、2.2では「属性の集合」という考え方について検討することにする。

2.1　名詞句への「コト性」の補充

　名詞句に「こと」を補う操作は、「こと」節に相当する意味内容を形成することを意味する。まず、この点を寺村の一連の研究を検討することで確認しておきたい。寺村 (1968、1980、1993) は、直接「名詞句のこと」の意味を論じた研究ではないが、本書が扱おうとする問題に関連する興味深い議論を含んでいる。以下では、寺村の一連の研究について順を追って概観する。

　まず寺村 (1968) では、「～を考える（その他認識、思考を表す動詞）」（寺村 1968: 48）のような枠にそのまま入ることができる名詞には、何らかの「こと」を表すような性質があると考えた。たとえば、「その事件」「ベトナム問題」といった名詞は思考認識を表す動詞の補語に入ることができる。ところが、「あなた」「著書」のような名詞はそのまま入ることができないため、「コト性」をもたない名詞とみなし、「こと」を補う必要があると指摘されている。ただし、寺村 (1968) では、名詞の「コト性」は連体修飾の構造のうち「文外関係

（又は「外の」関係）」*3 と関連していると述べられている。「文外関係」のうち「コト性」と関係があるものとして以下のような例を挙げている。

(4) a.　ヒョウタンカラコマガ出タ話
　　b.　泥棒ガシノビ込ンダ形跡（ガアル）
　　c.　ワイロヲ受ケトッタ疑イ（デ…）

(寺村 1968: 49–50)

(4) の下線部の「話」「形跡」「疑い」は「発話、主張、思考、認識」といった共通した意味を有している。これらの名詞は「〜と言う」「〜と考える」など「〜と」に続く発言、認識の動詞を名詞化したものという特徴がある。このような特徴から (4) に示したような構文は英語の同格構文（'assumption that...' や 'the fact that...'）と関連していると述べられている*4。「文外関係」を示す連体修飾構造の非修飾名詞と「コト性」との関連について言及はされているものの、それ以上の詳細な記述は見当たらない。

また、「コト名詞」に関しては、寺村（1980、1993）において、内容節（同格節）とその主名詞との関係を論じるなかで述べられた。そこでは、「事実、可能性」のようにその内容を文の形で表すことができるもので、叙述内容、つまり話者の主観的態度の表現が入り込むことの少ない一群の名詞を「コト名詞」と呼んでいる。

以上のような寺村の一連の研究を総合すれば、寺村（1968）は「コト性」をもたない名詞に「こと」を補うのは、一種の「コト名詞」を形成する操作だと考えていると結論付けることができよう。このような捉え方に基づいて、本書の対象である「こと」節と「名詞句のこと」、および「コト名詞」を主名詞とする内容節とを比較して見ると、次の (5) のような関係がうかがえる。

(5) 妹が一月に二番目の子どもを出産した。
　　a.　友だちに妹が出産したことを話すと、心から祝福してくれた。
　　b.　友だちに｛*妹∅／妹のこと｝を話すと、心から祝福してくれた。
　　c.　友だちに妹が出産したニュースを話すと、心から祝福してくれた。

(5b)における「妹のこと」は、「コト性」をもたない名詞である「妹」に「こと」を補って、妹に関連する叙述内容を表す「コト名詞」となったもので、(5a)のような「こと」節や(5c)の「ニュース」のような「コト名詞」を主名詞とする内容節とほぼ同等の意味をもつものである。このように関連付けて考えてみると、「コト性」をもたない名詞に「こと」を補った名詞句全体の意味は、「コト名詞」と重なるように見える。

　一方(6)のような例では、補語の位置に「名詞句のこと」も「コト名詞」も生じることができない。

(6) 卒業式の最中に、いつもは厳しい先生が突然泣き出した。
　　a. その場にいたみんなが、先生が泣き出したことに驚いた。
　　b. その場にいたみんなが、{ ?? 先生∅ / ?? 先生のこと } に驚いた。
　　c. ?? その場にいたみんなが、先生が泣き出した事実に驚いた。

(6b)の「先生のこと」と、(6c)の「コト名詞」を含む内容節が同じように振る舞うことは、寺村の分析から予想される通りであるが、なぜ(6a)のような「こと」節は使用できるのに、(6b)や(6c)は言いにくいのであろうか。

　一方(6)のような文脈で、内容節の主名詞の位置に使用できる名詞を考えてみると、内容節の主名詞が「姿」「光」など寺村(1980)が「知覚に関する名詞」として分類した名詞であれば、(7)に示したように(6)の文脈でも使用することができる*5。

(7) その場にいたみんなが、先生が泣き出した { 姿 / 光景 } に驚いた。

「知覚に関する名詞」は、感覚・知覚動詞と共起しやすい。感覚・知覚動詞の補語としてもっとも広く使われるのは「の」節であるが、「知る」「忘れる」「感じる」のような一部の感覚・知覚動詞は「こと」節もとることができる。しかし、このような場合でも、「名詞句のこと」とは共起できないようである。具体例として(8)を参照されたい。

(8) a. ⎰雨のにおい⎱
       ⎨雨の音 ⎬を感じた。
       ⎱雨の気配⎰
   b. 雨が降ってきたのを感じた。
   c. 雨が降ってきたことを感じた。
   d. ??雨のことを感じた。

　以上をまとめると、「名詞句のこと」の表す内容は、寺村（1968）の言う「コト名詞」と重なる部分が多く、「知覚に関する名詞」の範囲までは及んでいないと考えられる。一方「こと」節は、「コト名詞」の範囲を超えて、一部知覚名詞句の領域まで幅広くカバーすることができるようである。このような両者の相違は、本章の中心課題である「名詞句のこと」と「こと」節の使用可能性の問題に重要な関わりをもつ。ただし、寺村（1968）は「コト性」という概念を導入することで、「こと」の挿入と「コト名詞」との関わりを述べてはいるが、「名詞句のこと」の意味を直接検討したわけではない。そこで、この問題を検討するためには、「名詞句のこと」の意味を議論した研究を考慮しなければならない。また、寺村（1981）では「こと」の指示対象として「命題」という概念を導入し、次のように述べた。

(9) コトの対象は、命題で表わされるような内容や、動詞、形容詞で表わされる動作、作用、変化、状態、属性などを一般的に概念として表わしたもの、である。

（寺村 1981: 754）

しかし、「命題で表わされる内容」とは何を表し、「一般的に概念として表わしたもの」とはどのようなことを意味するのか、その正確な定義と範囲は必ずしも明らかではない。したがって、寺村（1981）の説明の具体的内容を明確にする必要がある。以下、「名詞句のこと」の意味論的な論議については 2.2 で、「命題」の概念に関しては、第 3 節で改めて検討することとしたい。

2.2　名詞句の指示対象の「属性の集合」

　「属性の集合」という考え方については、すでに第 2 章で簡潔に述べた。ただし、第 2 章では「名詞句のこと」と補文との対応関係を

論じるに当たって「集合」という考え方を採用するにとどめた。本節では、「こと」の意味を「命題」という概念と関連付けることに焦点を当てて、「指示物の属性を導入する」という意味論的操作の考え方をさらに詳しく紹介しておきたい。

　笹栗（1999）、笹栗・金城・田窪（1999）、Takubo（2007）、田窪（2010）[6] は一連の研究のなかで「名詞句のこと」形における「こと」の指示対象を意味論的観点から検討し、「こと」は名詞句の指示対象に関わる「属性の集合」を表すと述べている。この主張の前提は、論理的意味論における名詞句の意味は外延的にはその名詞が指示する個体であり、内包的にはその名詞が有する「属性の集合」であるとされることである。ゆえに、ある個体が有する属性の集合は、外延的に個体と同等であるため、「名詞句のこと」によって属性を表すことで、名詞そのものを指示することができる（Takubo 2007: 140）。それゆえ、「名詞句のこと」の意味を、名詞の指示する個体が有する「属性の集合」であるとみなせば、次の（10）（11）のように名詞に対して「こと」を補うことが随意的である場合と義務的に要求される場合とを統一的に扱えると主張されている。

(10) a. 太郎が { 花子 ∅ / 花子のこと } を愛している。

　　 b. { おまえ ∅ / おまえのこと } を殴ってやる。

(11) 先生たちが { *太郎 ∅ / 太郎のこと } を議論した。

Takubo（2007）、田窪（2010）では、義務的に「こと」が要求される場合も、述語が事象（eventuality）を選択すると考えるだけで、「名詞句のこと」の意味は「属性の集合」であるという捉え方で説明できると述べられている。ただし、この場合の事象とは、ある個体の有する属性であるとする。たとえば、（11）に見られる「議論する」のような述語は、項として個体と属性を選択するとされる。つまり「太郎のこと」は太郎の有する属性なので、（11）の文の意味は、先生たちが太郎の有する何らかの属性について議論したということになる。このような「名詞句のこと」の意味を「属性の集合」であるとす

第 3 章　「名詞句のこと」と「こと」節の相違　　57

る笹栗の一連の研究やTakubo（2007）、田窪（2010）の分析は、（10）のような随意的な「こと」の用法と（11）のような義務的な用法とを統一的に捉えようとする点で、魅力的な試みである。

ただし、Takubo（2007）、田窪（2010）は、「こと」が常に「属性の集合」を導入すると述べているわけではない。Takubo（2007）、田窪（2010）では、「名詞句のこと」の構成要素の一つである「こと」は、独立して用いられた場合、「物事（thing）、出来事（event）、事実（fact）、あるいは命題（proposition）、いわゆる形式名詞（語彙的内容がないかあるいは希薄な名詞）である」（田窪 2010: 125）と述べられている。この記述は、本章で問題とする次の（12）（13）のような例における「名詞句のこと」と「こと」節の意味の捉え方と密接に関連している。

(12) ケイコはこの3月に結婚した。
  a. マユミはケイコが結婚したことをもう知っていた。
  b. マユミはケイコのことをもう知っていた。
  c. マユミはそのことをもう知っていた。
(13) 授業のあとで、教室の机の下に財布が落ちていた。
  a. あとで先生に財布が落ちていたことを報告した。
  b. あとで先生に財布のことを報告した。
  c. あとで先生にそのことを報告した。

これらの例における「名詞句のこと」の意味には、対応する「こと」節や「そのこと」のように「こと」が単独に近い形で使用された場合の意味と大きな相違がないように感じられる。よってこの場合は、「ケイコが結婚した」「財布が落ちていた」などの「命題」を表すと考えてよいであろう。

このような捉え方は、2.1で述べた寺村（1981）の「命題で表わされるような内容を一般的概念として捉えたもの」という見解とも一致する。だとすると、「こと」節や「そのこと」と同等な意味をもつ「名詞句のこと」も、これらの例においては「命題」を表していると考えるのが自然ではないだろうか。ただしこの場合、物事、出来事、事実、命題という概念が正確に何を表し、何を表さないのかを明確にする必要がある。

以上、第2節では、寺村（1968）の指摘した「コト性」という概念および、笹栗（1999）、笹栗・金城・田窪（1999）の「名詞句のこと」を名詞句の指示対象の「属性の集合」とみなす見解について検討してきた。これらの説明は、「こと」の意味に関する様々な重要な問題を明らかにしてきた。しかし、さらにその詳細を明らかにするためには、次のような課題が残されていると考えられる。

　第1は、「こと」節と「名詞句のこと」の意味の比較がなされていないため、第1節で指摘した（2）のように、両者が置き換えられない場合については触れられていないという点である。

　第2は、寺村（1981）の言う「命題で表わされるような内容や、動詞、形容詞で表わされる動作、作用、変化、状態、属性などを一般的に概念として表わしたもの」（寺村 1981: 754）という説明と、Takubo（2007）、田窪（2010）の言う「物事、出来事、事実、命題」を表すという説明は、直感的にはうなずけるものの、これらの概念が正確に何を表し、何を表さないのか、その正確な定義と範囲は、必ずしも明らかではない。特に両氏の説明に共通する「命題」という概念が何を表すのかが不明確である。

これらの課題を追求するために、次の第3節では、「命題」という概念の重要性を強調した益岡（2007）の主張を取り上げて検討を加えたい。

3.「こと」節の意味

　「命題」という概念を使用して「こと」節の意味を論じた研究としては、久野（1973）および益岡の一連の研究（2000、2007）を挙げることができる。これらの研究はともに、「こと」節の中心的意味を「命題」として捉えている点で共通している。

　まず久野（1973）は、「こと」節は基本的に「命題」を表すと述べた上で、動詞の目的節（補文）をマークする形式「こと」「の」「と」の相違を説明した。久野（1973）は命題が真であるという前提を含んでいる述語（factive predicate）は目的節に「こと」「の」を要求し、その節の表す命題が真であることを示すが、そのような前提が含まれ

ていない述語の場合には「と」しか使用できないとした。このような捉え方によって下記の例文に見られる「こと」節「の」節と「と」節の相違をうまく説明できる。

まず、次の(14)から見よう。

(14)a. 太郎は花子が馬鹿である { ことを / のを / *と } 忘れていた。

b. 太郎は花子が馬鹿である { *ことを / *のを / と } 思った。

(久野1973: 138 例の示し方は筆者による)

久野(1973)によれば、(14a)の述語「忘れる」は、「こと」節の内容が真であることを前提とするため、「こと」「の」をとることができる。これに対して(14b)の述語「思う」は前提を含んでいないから「と」しかとれないとされる。

また、「こと」と「の」の違いについては、「こと」は抽象化された概念を表すのに対して、「の」は五感によって直接体験される具体的な動作、出来事を表すと説明されている。(15)(16)の例を見よう。

(15)太郎は花子が死んだ { こと / *の } を信じなかった。

(花子が死んだことは事実である。)

(久野1973: 138 例の示し方は筆者による)

(16)私は太郎が花子を殴る { *こと / の } を見た。

(久野1973: 140 例の示し方は筆者による)

(15)に示したように、「花子が死んだ」という命題が真である場合は「こと」が用いられる*7。また(16)に示したように、「見る」などの五感によって体験される具体的な出来事を表す場合は「の」が用いられると述べられている。

益岡も「命題」という概念で統一的に「こと」節の意味を捉えようとした。背景となる益岡の一連の研究(1991、2000、2007)の中心となる主張は、文は意味的な観点から表現主体から独立した客観的な

事態を表す「命題の領域」と、表現主体の表現時における心的態度を表す「モダリティの領域」があるというものである。

　さらに、益岡（1991）では、モダリティの形式のうち主観性表現の専用形式（判断系の「一次的モダリティ」）と客観化を許す形式（判断系の「二次的モダリティ」）を区別するなかで、事態名詞「こと」が基準となると述べられている。つまり「こと」という名詞を内容補充する連体修飾節に入り得るモダリティ要素を命題内要素（客観化を許すもの）とみなし、入りにくい要素はモダリティ（表現者の表現時での判断を表すもの）に属するものとした。この観点に立って、益岡（2007）では、客観的な事態を表す命題は「こと」節によって明示できると論じ、「こと」の意味の基本を「概念的に構築された事態を表すもの」（益岡 2007: 28）とした。この「概念的に構築された事態」であるということの意味を、益岡（2007）では「こと」節と対応する文との性格の違いを通して、次のように説明している。

　(17)［文］：担当者が業者から賄賂をもらった。
　　　［命題］：担当者が業者から賄賂をもらったこと

(益岡 2007: 32)

益岡（2007）では、(17) において［文］の場合は、話し手は事態が真であることを断定しているのに対して、「こと」を付加して命題化された場合では、話し手は事態を概念的に捉えるにとどまり、真であることを積極的に断定しているわけではないとする。このような議論を通して益岡（2007）は次のように「こと」は事態が概念化されたものであると述べた。

　(18) 文に「こと」を付加することは、文から通常それが帯びるモダリティ性―ここでは、特に真偽性―を剥奪し、命題化するものである。

(益岡 2007: 31)

　次に、このような久野（1973）および益岡（2007）での「命題」に関する議論を踏まえて、そこでの「こと」節の扱いが「こと」節と「名詞句のこと」の置き換えの問題にどのように関わるかを考えてみたい。久野（1973）と益岡（2007）の主張には一部重要な相違があるものの*8、「こと」節の内容を命題もしくは事態が概念化されたも

のとして捉えるという点では共通している。たとえば、「こと」節が命題に相当するという意味では、第1節で指摘した例文（2）（3）の間には相違がないように見える。以下にもう一度例文を示しておく。

再掲（2）卒業式の最中に、いつもは厳しい先生が突然泣き出した。
　　　　a.　その場にいたみんなが、<u>先生が泣き出したこと</u>に驚いた。
　　　　b.??その場にいたみんなが、<u>先生のこと</u>に驚いた。

再掲（3）卒業式の最中に、いつもは厳しい先生が突然泣き出した。
　　　　a.　家に帰って<u>先生が泣き出したこと</u>を話したら、みんな驚いていた。
　　　　b.　家に帰って<u>先生のこと</u>を話したら、みんな驚いていた。

益岡（2007）にしたがえば、（2）と（3）の「こと」節はどちらも基本的には「命題」を表すということになるだろう。久野（1973）の分析でも、両者はともに「こと」節の内容が真であるような述語とともに使われているので、「こと」節は「命題」を表すということになるだろう。このように、「こと」節の意味に関する従来の研究では、「こと」節の意味はどちらも「命題」として捉えられ、（2）（3）のような例における「こと」節と「名詞句のこと」の相違について説明することはできない。

　以上のような先行研究の検討と、本書で問題とする「こと」節と「名詞句のこと」の交替可能性に関する観察から、「こと」節が表すとされる「命題」という概念をさらに詳細に検討し、細分化する必要があることが明らかになった。次の第4節では益岡の一連の研究（1997、2007）を手がかりに、「事態」と「事実」という概念を導入することで、このような細分化の可能性について論じたい。

4.「こと」節と「名詞句のこと」の意味

4.1 「命題」の細分化

「事態」「事実」「命題」はすでに多くの先行研究に見られる術語である。しかし、各々を明確な基準にしたがって区別し使用されている

とは言えないようである。本節では、益岡（1997、2007）における議論で言及された「事態」と「事実」という概念を基にしながらも、「命題」の概念を本書で提示する基準に基づいて「事態」と「事実」に細分化したい。

　まず益岡（2007）は、文の意味的構造に関して二つの異なった意味領域からなっていると論じ、そのなかで「事態」という術語を用いている。益岡（2007）では、「事態」とは文が表す広義の出来事（event）そのもので、話し手の態度を表す「モダリティ」を取り除いたものとし、事態を表す「命題」と名づけた。さらに、事態のなかには「概念的に構築された」ものが存在し、それを狭義の命題と呼んで、「こと」の基本的意味は、この「命題」を表すことであるとした。

　一方「事実」という術語は、益岡（1997）において、「こと」の固有の意味を述べるなかで「表現者が認定済みの事態を客観的な観点から叙述するもの」（益岡 1997: 19）と述べられている*9。

　益岡（2007）によれば、「事態」は「概念的に構築された事態を表すもの」（益岡 1997: 28）もそうでないものも含めて「広義の出来事（event）そのもの」（益岡 2007: 16）を指す広い概念であり、これを広義の「命題」と呼んでいる。そのうち、「こと」の表す「命題」は「概念的に構築された事態」のみを指すより限定された概念である。このような「命題」の捉え方は益岡独自のもので、たとえば久野（1973: 140）では、「こと」節は、抽象化された概念を表す命題であり、「の」節は五感によって体験される具体的な出来事を表す命題であると述べていることからわかるように、「命題」は概念化された出来事も具体的な出来事も含む、より幅広い概念として捉えられている。

　本書では、広い意味での「命題」の概念を細分化することを目指しているため、益岡（2007）のように「命題」という概念を限定された形で使用することは避けて、既定の事態が事態の捉え手（表現者もしくは表現者以外の者）によって認定されて述べられるものを「事実（fact）」と呼ぶことにしたい。つまり「事実」とは、事態の捉え手によって出来事が発話の段階ではすでに認定済みのものとして扱われたものである。一方、表現主体が関与する以前の出来事そのものを指して、「事態（event）」と呼ぶこととしたい。「事実」は事態の捉え手が

構築したものであるのに対して、本書でいう「事態」は、事態の捉え手の関与しない出来事そのものが表現されたものである。以降の議論で用いる「事態」と「事実」の概念を定義すると以下の通りである。

(19) 本書での「事態」と「事実」の定義
 (i)「事態（event）」とは、当該の事態の捉え手が関与する以前の段階で出来事そのものが表現されたものである。
 (ii)「事実（fact）」とは、当該の事態の捉え手によって、出来事が発話の段階ではすでに認定済みのものとして判断されたものである。

4.2 「こと」節の二つの意味

以下では、このような「事態」「事実」という概念の区分を経験的に明らかにするために、「こと」節を導く主節の述語を考慮して、「事態」だけが要求される文脈と、「事実」が要求される文脈があることを指摘する。また、このような「こと」節における「事態」と「事実」の意味上の区分は、主節の述語の意味論的性質とも密接に関連していることから裏付けられることを述べる。

まず、「事態」には二つの場合がある*10。一つは、感覚的に捉えた眼前の出来事を表す場合である。たとえば、(20)を見よう。

(20) 卒業式の最中に、いつもは厳しい先生が突然泣き出した。
  その場にいたみんなが、<u>先生が泣き出したことに驚いた</u>。

(20)では、当該の出来事が捉え手に知覚され、驚きという感情を引き起こしたことが表されている。すなわち、感覚的に捉えられた眼前の状況を描写したものであり、そこには捉え手が関与する余地はない。このような「事態」の意味は、文脈のなかに「その場にいた」のような表現があることからも読みとることができる。このような「事態」の意味が典型的に要求されるのは、主文の述語が「驚く」のような知覚・感覚を表す場合である。

また「事態」の意味が要求されるもう一つの場合は、連続して生起する出来事において、前に起こった出来事が別の出来事の直接的な原因になるような場合である。(21)を見よう。

(21) 事故の直前に前輪がパンクしたようだ。

　　　　前輪がパンクしたことが事故を引き起こした。

(21) では、「前輪がパンクしたこと」という出来事が、事故という新たな出来事につながる直接的な原因となっている。このような出来事間の因果関係には、事態の捉え手の認定が関わることはない。そこでこの場合も、典型的に「事態」の意味が要求される文脈であると考えることができる。このような「事態」の意味が典型的に要求されるのは、主文の述語が「引き起こす」のような出来事同士の因果関係を表す場合である。

　次に、「事実」が要求される場合を二つ指摘したい。一つは、捉え手が経験した既定の事態に対して、時間が経過した後で、事態を頭のなかで再生するプロセスがともなわれて、発話時にはすでに認定済みの事態として述べる場合である。具体例として次の（22）を挙げよう。

(22) 卒業式の最中に、いつもは厳しい先生が突然泣き出した。
　　　家に帰って先生が泣き出したことを話したら、みんな驚いていた。

(22) では、事態が発生してから一定の時間が経過した後で、捉え手が頭のなかで既定の事態として思い浮かべた内容を報告している。つまりこの出来事は、発話時において既定の事実として認識されたものである。「家に帰って話した」という文脈が、このような解釈を導いている。

　もう一つは、客観的な証拠によって既定の事態としてみなされるような場合である。次の（23）の例を考えてみたい。

(23) 事故の直前に前輪がパンクしたようだ。
　　　警察の調査で前輪がパンクしたことが明らかにされた。

この例では、「前輪がパンクした」という出来事は事故の後に警察の調査によってすでに実在していた出来事として裏付けられている。ゆえに、出来事は認定済みの「事実」として客観的な角度から述べられている。このような「事実」の意味が典型的に要求されるのは、主文の述語が「話す」「明らかにする」「判明する」のような叙実述語（factive predicate）と共起する場合である*11。

第3章　「名詞句のこと」と「こと」節の相違　65

4.3 「こと」節の意味と「名詞句のこと」の意味

4.2で述べたような「事態」「事実」という「こと」節の表す「命題」の二側面は、「名詞句のこと」との交替の可否にも密接に関わっている。ここでは「こと」節と「名詞句のこと」の置き換えが可能な場合と不可能な場合を取り上げ比較することで、「名詞句のこと」の意味を導き出したい。

まず、「こと」節が「事態」を表す場合から見よう。
感覚的に捉えられた眼前の状況を表す（23）では、「こと」節は許容されるが、同じ内容を「名詞句のこと」で表現するのは難しい。

(23) 卒業式の最中に、いつもは厳しい先生が突然泣き出した。

その場にいたみんなが、 { 先生が泣き出したこと / ?? 先生のこと } に驚いた。

この例における「先生が泣き出したこと」は話し手によって知覚された眼前の出来事を表現したものであり、「事態」を表すと考えられる。よって、「事態」を表す「こと」節は、「名詞句のこと」で表現できないことがわかる。

また、（24）は、「前輪がパンクしたこと」という出来事と「事故」という出来事の間には因果関係が認められ、「こと」節は「事態」の意味を表すと考えられる。この場合も、「こと」節は「名詞句のこと」に置き換えることはできない。

(24) 事故の直前に前輪がパンクしたようだ。

{ 前輪がパンクしたこと / ?? 前輪のこと } が事故を引き起こした。

次に、「こと」節が「事実」を表す場合を見ていきたい。

（25）における「先生が泣き出したこと」は事態の捉え手によって発話時には既定の事実として認定され、「事実」を表すとされた。

(25) 卒業式の最中に、いつもは厳しい先生が突然泣き出した。

家に帰って { 先生が泣き出したこと / 先生のこと } を話したら、みんな驚いていた。

この場合は、「こと」節も「名詞句のこと」も、問題なく使用できる。また、次の（26）における「前輪がパンクしたこと」という出来事

も捉え手の発話時において認定済みの「事実」として認識されたことを表す。この場合も、「名詞句のこと」の使用が可能である。

(26) 事故の直前に前輪がパンクしたようだ。

　　　　警察の調査で $\left\{\begin{array}{l}\text{前輪がパンクしたこと}\\ \text{前輪のこと}\end{array}\right\}$ が明らかにされた。

以下では上記の記述から「名詞句のこと」の意味をまとめる。

上記で示したように、「こと」節が「事態」「事実」を要求するそれぞれの場合において、「名詞句のこと」の使用可能性の相違から、「名詞句のこと」の表す意味は「事実」と重なるが、「事態」とは重ならないことがわかる。つまり、筆者が提案するように、広義の命題の概念の内部に「事態」と「事実」という区分を設けることによって、「こと」節は「事態」と「事実」を表すことができるが、「名詞句のこと」は「事実」のみを表すという一般化ができるようになる。

次の4.4と4.5では、「事態」と「事実」の区分を支持するいくつかの証拠を提示し、このような捉え方が妥当であることを裏付けたい。

4.4 「コト名詞」との置き換え

「こと」節に対する「事態」と「事実」の区分は、内容節の主名詞である「こと」を、寺村（1980、1993）の言う「コト名詞」と置き換えてみることで明らかになる。「こと」節が「事態」を表す場合には、次の(27)(28)に示されているように、主名詞を「コト名詞」である「事実」「事件」などと置き換えられない。

(27) 卒業式の最中に、いつもは厳しい先生が突然泣き出した。

　　　その場にいたみんなが、$\left\{\begin{array}{l}\text{先生が泣き出したこと}\\ \text{??先生が泣き出した事実}\\ \text{??先生が泣き出した事件}\end{array}\right\}$ に驚いた。

(28) 事故の直前に前輪がパンクしたようだ。

　　　$\left\{\begin{array}{l}\text{前輪がパンクしたこと}\\ \text{??前輪がパンクした事実}\\ \text{??前輪がパンクした事件}\end{array}\right\}$ が事故を引き起こした。

一方の「事実」を表す場合には、(29)(30)に示されているように、「コト名詞」に置き換えられる。

(29) 卒業式の最中に、いつもは厳しい先生が突然泣き出した。

　　　家に帰って $\left\{\begin{array}{l}\text{先生が泣き出したこと}\\ \text{先生が泣き出した事実}\\ \text{先生が泣き出した事件}\end{array}\right\}$ を話したら、

　　みんなが驚いていた。

(30) 事故の直前に前輪がパンクしたようだ。

　　　警察の調査で $\left\{\begin{array}{l}\text{前輪がパンクしたこと}\\ \text{前輪がパンクした事実}\\ \text{前輪がパンクした事件}\end{array}\right\}$ が明らかにされた。

　以上のような例示は、「こと」節の意味が「事態」と「事実」の二種類に区分されるという筆者の主張を支持するものである。「事実、事件」のような「コト名詞」は「事実」と重なる内容を表すことができるが、「事態」とは重ならないと考えることができる。

4.5 「という」の挿入

　「こと」節の内部に「という」の挿入ができる場合とできない場合があるという現象も、「こと」節には「事態」と「事実」の二側面があるという考え方を支持すると考えられる。

　寺村（1977、1993）は、いわゆる「外の関係」の名詞修飾を扱った論考のなかで、連体修飾節と主名詞との間における「という」の介在について、主名詞が「発話・思考の名詞」である場合には「という」が必要であることが多く、「コト名詞」の場合には「という」の介在が任意的であり、「感覚・知覚の名詞」の場合には決して「という」が介在しないと述べている。この寺村（1977、1993）の指摘を踏まえて、「こと」節が「事態」と「事実」を表す場合に「という」が介在できるかどうかを調べてみると、次のようなことがわかる。

　次の(31)(32)に示されているように、「事態」を表す「こと」節の場合、「こと」節の内部に「という」を挿入することは難しい。

(31) 卒業式の最中に、いつもは厳しい先生が突然泣き出した。

　　　その場にいたみんなが、

　　　$\left\{\begin{array}{l}\text{先生が泣き出したこと}\\ \text{?? 先生が泣き出したということ}*12\end{array}\right\}$ に驚いた。

(32) 事故の直前に前輪がパンクしたようだ。

　　　｛前輪がパンクしたこと／??前輪がパンクしたということ｝が事故を引き起こした。

(31)(32)のような「事態」を表す「こと」節は、すでに 2.1 で寺村の議論の検討を通して確認したように、内容節の主名詞に「感覚・知覚の名詞」をもつ名詞修飾節と重なるものである。このような事実は、寺村(1977、1993)が「感覚・知覚の名詞」には「という」が決して介在しない、と述べたことと一致する。

　一方、(33)(34)に示されているように、「事実」を表す「こと」節の内部には、「という」の挿入が許される。

(33) 卒業式の最中に、いつもは厳しい先生が突然泣き出した。

　　　家に帰って｛先生が泣き出したこと／先生が泣き出したということ｝を話したら、みんな驚いていた。

(34) 事故の直前に前輪がパンクしたようだ。

　　　警察の調査で｛前輪がパンクしたこと／前輪がパンクしたということ｝が明らかにされた。

(33)(34)の「こと」節は、内容節の主名詞に「コト名詞」をもつ連体修飾節と同じ性質をもつものであり、この場合は「という」の介在が許される。

　以上のことから、「こと」節における「事態」「事実」の相違は、「という」の挿入の違いにも現れていることがわかる。

5. 本章のまとめ

　第 3 章での考察を通して明らかになったことをまとめると、以下の通りである。

　第 1 に、「こと」節の意味には「事態」と「事実」の二側面が認められる。「こと」節と「名詞句のこと」の意味は、基本的に久野(1973)、益岡(1997、2000、2007)の言う広い意味での「命題」に相当するものであるが、両者の相違を検討するなかで、「命題」の概

念を細分化し、二側面に分けて捉える必要があることが明らかになった。そこで、事態の捉え手が関与しない出来事そのものである「事態」と、ある事態が発話の段階ではすでに認定済みのものとして扱われた叙述内容である「事実」という側面を区別することを提案した。

　第 2 に、「事態」と「事実」の意味は主節の述語の意味論的カテゴリーと相関している。つまり、知覚・感覚を表す述語や、出来事同士の因果関係を表す述語の場合は「事態」の意味を要求し、思考・発話活動を表す述語の場合は「事実」の意味を要求する。

　第 3 に、「事態」と「事実」の二側面は、「事実」「事件」のような「コト名詞」との置き換えの可否や「こと」節の内部への「という」の挿入の可否からも支持される*13。「事実」の場合は、「こと」節の主名詞である「こと」を「コト名詞」と置き換えられるとともに、「こと」節の内部に「という」の挿入も可能である。これに対して、「事態」の場合は両方とも成立しない。

　第 4 に、「こと」節における「事態」と「事実」の概念の区分から「こと」節と「名詞句のこと」の対応関係が明らかになった。すなわち、「こと」節が「事実」を表す場合、「名詞句のこと」と置き換えが可能であるが、「事態」を表す場合は、「名詞句のこと」に置き換えられない。このような分析結果に基づき、「こと」節の意味は、基本的には「事態」と「事実」の両者をカバーするものであるのに対して、「名詞句のこと」の意味は、「事実」のみに限られると論じた。

　以上でまとめたように、第 3 章では、「こと」節は使用できるが、「名詞句のこと」は使用できない場合について考察を行い、両者の意味の類似点と相違点を導き出した。すなわち、「こと」節の意味は、「事態」と「事実」の両方をカバーするものであるのに対して、「名詞句のこと」の意味は、「事実」のみを表すという結果は、「こと」節のほうが「名詞句のこと」より広い意味範囲をもつことを示している。これは第 2 章で分析した結果と逆の結果である。つまり、第 2 章では、「名詞句のこと」という表現は、「こと」節以外にも「か（どうか）」節や「ように」節の表す意味内容とも同等な意味として対応する点から「名詞句のこと」のほうが「こと」節より広い意味範囲をもつという結果が導き出された。

ここで、「名詞句のこと」の意味範囲および「こと」節の意味範囲、両者の関係に関する全体像を提示しておく。第2章と第3章の分析結果を総合すると、以下の（35）のように示すことができる。
（35）

```
    「こと」節        「名詞句のこと」
                                    疑問のモダリティ
                   事実（fact、断     を加えた命題
   事態（event）    定のモダリティ
                   を加えた命題）     願望のモダリティ
                                    を加えた命題
```

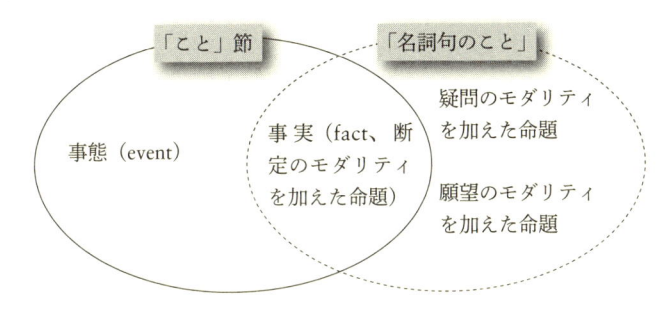

　（35）に示されているように、「名詞句のこと」と「こと」節は、重なる意味領域をもつと同時に、それぞれ独自の意味をもつという関係にあることが明らかになった。つまり、「名詞句のこと」の意味は基本的に命題を表すものであり、対応する補文タイプの意味論的特徴から「断定のモダリティを加えた命題」「疑問のモダリティを加えた命題」「願望のモダリティを加えた命題」の三つの側面を表す。これに対し、「こと」節は「事態」と「事実」の二つの側面を表すことがわかる。このうち、「名詞句のこと」の表す「断定のモダリティを加えた命題」は「こと」節の「事実」の側面と一致するものである。「断定のモダリティを加えた命題」とは命題の真偽が発話している現実の世界に照らし合わせてすでに確定されているもの、つまり真として断定的に捉えたものであり、「事実」とは事態の捉え手によって出来事が発話の段階ではすでに認定済みのものとして判断されたものである。命題の捉え方において確定の真偽判断が働いているという意味では、「名詞句のこと」と「こと」節が重なり合っている。他方、「名詞句のこと」と異なって、「こと」節のみが有する独自の意味は出来事そのものである「事態」を表すという点である。
　このような観察を、命題とモダリティの観点からまとめると、次のように言うことができる。「こと」節が表現できるのは、出来事そのものである「事態」と、命題への捉え手（表現者もしくは表現者以外を示す主文の主語）の判断が加えられている「事実」の両側面である。

「名詞句のこと」は判断が加わらない「事態」のみを表すことができない。むしろ「名詞句のこと」は特定の判断に限定されない中立的観点から断定や疑問そして願望のモダリティを加えた命題を表すと言うことができる。

　以上、第2章と第3章を通じて、「名詞句のこと」と各種補文タイプとの比較および「こと」節と「名詞句のこと」が交替可能な場合と不可能な場合との比較分析を行った。その結果、「名詞句のこと」と「こと」節のそれぞれの表現が有する意味領域、さらに両者が共通して有する意味領域と両者における独自の意味領域の存在を明らかにすることができた。

---

*1　第3章の内容は金・酒井（2010）を修正補充し、さらに金（2011）の第3章に当たる内容に修正加筆したものである。
*2　詳しくは本書の第2節および第3節を参照されたい。
*3　寺村（1968）で称された「文外関係（又は「外の」関係）」とは修飾部と一つの文を構成するような関係にない連体修飾節のことを指す。次の例を参照されたい。下線を引いた名詞はどのような助詞をつけても修飾部のなかにとけ込まない。
　（i）　ワイロヲ受ケトッタ疑イ（デ…）　　　　　　　　　　（寺村 1968: 12）
反対に連体修飾構造を一つの文に構成することが可能な場合は「同一文内関係（又は「内の」関係）」と称されている。寺村では、次の例を挙げて説明している。
　（ii）　私ガトッタ写真　　　　　　　　　　　　　　　　　（寺村 1968: 11）
この構造は「私が写真をとった」という文のなかの「写真」という名詞が取り出されて被修飾語となり、残りの部分がそれを修飾する恰好となったものだ、と説明している。
*4　寺村（1968）では、日本語の非修飾名詞が動詞から名詞化されたことと同様に、英語にも 'assumption that......' や 'understanding that......' のように 'assume' 'understand' などと結び付けられたものがあること、そして 'the fact that......' のように動詞からの結び付きはないが修飾部の内容と同質のものと考えられる場合があることが指摘された。
*5　寺村（1980、1993）では、内容節の主名詞の下位分類を行い、「コト名詞」の他に「言葉、思い、考え」など「発話・思考の名詞」や、「姿、光景」など「知覚に関する名詞」などがあると指摘された。このような名詞分類は（5）と（6）の相違に関しても、重要な示唆を与えてくれる。
*6　Takubo（2007）、田窪（2010）は笹栗（1999）、笹栗・金城・田窪（1999）の研究をさらに発展させ、名詞句に「こと」を付加することは名詞句の意味的な

「タイプ」をより高次なものに変更することで、個体を表す表現から、その個体が有する「属性の集合」を取り出す意味論的操作であると考えた。

＊7　ただし例文（15）の文について、久野（1973）は微妙な意味の違いによって異なるマーカーが用いられることも指摘している。(15)は「信じなかった」という述語でも、「花子が死んだかもしれないし、生きているかもしれない」といった解釈も可能である。その場合は、名詞節のマーカーとして「こと」ではなく「と」が用いられると記されている。このような観察からも「こと」は命題が真と解釈される場合に用いられるマーカーだということが言える。

＊8　益岡（2007）の主張は、久野（1973）の「「こと」節を含む文には命題が真であるという前提がある」という主張とは異なっている。益岡（2007）は、一見、真であるという前提が含まれるように思われるのは、述語の性質に由来すると考え、恒常的に主観性を表現する真偽の判断は、客観性の高い表現である「こと」の内部に現れ得ないとしている。

＊9　益岡の一連の研究において「こと」の意味に関する規定は徐々に改訂されていった。益岡（1997）では、「こと」の意味に関して既定の事態かどうかによって二つに分けて説明されている。既定の事実として客観的な観点から述べる場合と、表現者が主体的に構築した事柄という区分である。益岡（2007）においては、益岡（1997）での「事実」の用法に修正が加えられ、たとえば、次の例文で「こと」が事実を表すのは「こと」そのものの性質に起因するのではなく、主節の述語「残念だ」の性質に帰されるべきものであると述べられている。

　（i）　担当者が業者から賄賂をもらったことは残念だ。　　　　（益岡 2007: 30）

したがって、益岡（2007）に至って「こと」の意味は「概念的に構築された事態を表すもの」に一元化されたことになる。

＊10　本書では、「事態」を表すことが要求される文脈を、眼前の出来事を表す場合と出来事の間の因果関係を表す場合の二つに分けて説明した。しかし、前者の場合にも、経験者の感覚・知覚と出来事の間には、因果関係が存在すると考えることができる。だとすると、因果関係（もしくは、原因・結果のアスペクト性）に関連すると考えることで、両者を統一的に捉えることが可能になるかもしれない（2009年関西言語学会第34回大会口頭発表の場での金水敏先生のご指摘による）。この点に関しては、Hara, Kim, Sakai, & Tamura（2010a）および Hara, Kim, Sakai, & Tamura（2010b）, Hara, Kim, Sakai, & Tamura（2013b）で形式意味論の観点から検討を加えた。

＊11　第2章の3.2.1で「こと」節は、事態を既定の事態として断定的に捉える際に用いられる形式とみなした。第2章で扱った「こと」節は第3章の分析結果を当てはめると、「事実」の意味に対応するものである。

＊12　本書では、(31)に示されているように「事態」を表す「こと」節の場合には、「という」の介在が不自然であると判断した。ここで「という」が介在し難い「こと」節は、益岡（1997）の言う「基本形内容節」のもつ特徴と同様なものとして扱う。益岡（1997）では、「という」が介在する内容節（「トイウ内容節」）は修飾節の内容を範疇化して述べるものであるが、「という」が加わらない内容節（「基本形内容節」）は主名詞を限定するという特徴を持ち、主名詞が意味的にも構造的にも主要素であると述べられている。詳しくは益岡（1997）を参照されたい。ただし、(31)の場合、「という」が入っても自然な文と判断される場合も考えら

れる。たとえば、「先生が泣き出すということに驚いた」のように、「という」の介在が可能な場合は、眼前の出来事に対する感情が込められた場合であり、「こと」節が単純に出来事を知覚しただけではなくて、「なにか珍しい出来事」が起こったという意味が生じる。このような解釈と関連する議論として中畠（1990）を挙げることができる。中畠（1990）では、「内の関係」の連体修飾構造のうち、修飾節と被修飾名詞との間に「という」の有無による意味の差に関する指摘が見られる。以下、具体例を示しつつ説明する。

(i) また碁に熱中して、廊下を歩きながら碁の本を読み、教室でも机の下にかくして碁の問題に没頭するという男があらわれた。　　　（中畠 1990: 48）

中畠（1990）では、「という」がある場合には、話し手の何らかの評価、すなわち「そのような変わった（珍しい・おもしろい・きとくな…）男」という評価が込められているように感じられると述べられている。また「という」を取り去った場合にはそのような話し手の評価は感じられないと述べられている。

*13 このような「事態」と「事実」の区分はさらに、モダリティ要素が「こと」節の内部に入れられるか否かにも対応しているようである。つまり「事態」の場合は「かもしれない」が現れ難いが、「事実」の場合は現れ得る。「こと」節の内部でのモダリティ要素の現れ方に基づいた「こと」の有する二側面については、Hara, Kim, Sakai, & Tamura（2010a）および Hara, Kim, Sakai, & Tamura（2010b）において、形式意味論の観点からも論じた。

第4章
談話における「名詞句のこと」の機能[*1]

1. 談話に現れる「名詞句のこと」

　第2章から第3章にかけては、名詞句に「こと」が義務的に後続する場合を対象として、意味論的観点から考察を行った。本章では、名詞句に「こと」が付加される現象のうち、名詞句への付加が随意的（optional）で何の意味ももたないように見える「こと」について考察を行う。この随意的に見える「こと」がなぜ使用されるのかを明らかにするために、本書では談話機能の観点からアプローチすることにしたい。
　一見、特別の意味をもたず、随意的に現れるように見える「こと」は感情述語や内包述語の補部を中心に観察される。たとえば、(1)を見よう。
　(1) a.　太郎は山田さんφを探している。
　　　b.　太郎は山田さんのことを探している。
(1)の二文はいずれも文法的であり、意味に差が感じられない。このような場合、「こと」の付加による意味の違いが明確ではないため「こと」は随意的な要素のように見える。
　しかし、同じ「探す」という述語でも「こと」の有無で文意の差が感じ取れる場合もある。次の(2)の二文を比較してみよう。
　(2) a.　太郎はお嫁さんφを探している。
　　　b.　太郎はお嫁さんのことを探している。
(2a)の「お嫁さん」は、未来の不特定の結婚相手という意味と特定の現実の妻という意味のどちらの意味にも解釈できる。一方、(2b)の「お嫁さんのこと」は現実の特定の妻だけを指すようになり、意味が限定される。このように、「こと」の有無で名詞句の意味に違いが現れることから、上記の(1)のように、一見随意的に見える「こ

と」の場合であっても、何らかの機能があるものと考えることができる。

　まず、先行研究の立場を見ると、笹栗（1999）、笹栗・金城・田窪（1999）、Takubo（2007）、田窪（2010）では、「こと」は現実の特定の要素に後続して、「属性の集合」を表すとしている。また、Kurafuji（1998）では、普通名詞に「こと」が付くと定（definite）として解釈されるとしている。しかし、このような指摘とは異なり、「こと」は特定の要素ではない名詞にも後続するし、定名詞となるような変化をもたらさない場合もある。具体例として（3）のような場合を挙げることができる。

（3）A：（韓国料理の本を読んでいて）
　　　　　ねえ、チョバップって、なに？
　　　B：チョバップっていうのは、すしのことだよ。

（3）における「すし」は特定の「すし」を指すとは考えにくい*2。また、「すし」に「こと」が付加されても「すしのこと」全体が特定の「すし」を指すようには解釈されない。このような観察から、「こと」の意味は特定（specific）もしくは定（definite）のような概念だけでは捉えきれないと言える。

　また、「こと」が一見随意的に見える場合でも談話中では細かなニュアンスに相違が生じることも指摘しておきたい。たとえば以下の（3'）のように「こと」がなければ、話し手がわざとぶっきらぼうに答えているか、そうでなければなにか物足りず、据わりが悪いように感じられる場合もある。

（3'）A：（韓国料理の本を読んでいて）
　　　　　ねえ、チョバップって、なに？
　　　B：?チョバップっていうのは、すしϕだよ。

そして、次の（4）のように文脈から切り離された文だけを見れば、「こと」の有無による意味の差は感じられない。すなわち、「これですか」であっても、「これのことですか」であっても、意味的には同等な表現となるため、「こと」は単に随意的に使用されているように見える。

（4）（ビビンバというのは）{これϕ / これのこと}ですか。

さらに重要なのは、文脈の制約を加えると、「こと」が許容されなくなる場合もあることである。次の（5）（6）を参照されたい。

（5）（授業が終わって学生たちがみんな教室を出ていって、先生だけが残っている。その時、一人の学生が戻ってきて先生に話しかけた。）

　　　学生：携帯を忘れてしまったのですが。
　　（先生が携帯を見せながら）

　　　先生：（あなたが忘れたというのは）$\left\{\begin{array}{l}これφ \\ これのこと\end{array}\right\}$ですか。

（6）（授業が終わって学生たちがみんな教室を出ていって、先生だけが残っている。その時、一人の学生が戻ってきて、何かを探している。その様子を見た先生が学生に声を掛ける。）

　　　先生：（あなたが探しているのは）$\left\{\begin{array}{l}これφ \\ *これのこと\end{array}\right\}$ですか。

（5）の文脈では、「こと」の有無による意味の違いがあまり感じ取れず、「こと」があってもなくても許容できる。これに対して、（6）の文脈では、「こと」を使用すると、明らかに不自然な、許容できない文になってしまう。

　以上で確認したように、「こと」は常に随意的に用いられるものではなく、「こと」を使用しなければ不自然になってしまう場合（例（3'））もあれば、「こと」の使用がまったく許容されない場合（例（6））もある。

　このような観察から、本章では、一見「こと」が随意的に使用される場合でも、談話のなかで何らかの機能を果たしているのではないかと考え、談話機能の観点から分析を試みる。本書では、まず（3）（5）のようなコピュラ文*3 に現れる「こと」を検討対象とし、このような「こと」の意味は談話における知識管理の観点から捉える必要があることを述べる。そして、「こと」は、言語表現とそれが指す対象が話し手と聞き手の共有知識のなかにあることを明示する機能をもっていること、さらにこの分析は心的行為述語の補部に現れる「こと」にも適用できることを述べる。

　以下、本章では次のような構成で考察を進める。まず第 2 節で

「こと」の現れる構文上の位置とその下位分類を検討し、第3節では、「こと」についての先行研究の議論を検討するとともに、そこでの限界を指摘する。第4節では、Fauconnier（1985）のメンタル・スペース理論の手法におけるコピュラ文の用法や田窪（1989）の「という」「って（というの）」の用法に関する考察を踏まえて、談話における知識管理の観点から「こと」の機能を検討し、「こと」の統一的な説明を提案する。

2.「名詞句のこと」の現れる構文上の位置

本節では、一見随意的な「こと」が現れる二つの構文的なタイプを概観する。まず先行研究で指摘された心的行為述語の補部に現れる「こと」の下位分類を 2.1 で示し、次に 2.2 ではコピュラ文に現れる「こと」について本書の立場から下位分類したものを提示したい。

2.1　心的行為述語の補部

笹栗・金城・田窪（1999）では、随意的な「こと」が現れる述語のタイプには、〈感情述語〉、〈内包的述語〉、〈思考動詞〉、〈外延的述語＋モダリティ要素〉があるとしている。それぞれの述語タイプと該当する例は、以下の通りである。

［1］感情述語
　　（7）太郎は花子のことを愛している（らしい）。
　　（8）太郎は花子のことを憎んでいる（らしい）。
［2］内包的述語＊4
　　（9）太郎は花子のことを探している。
　　（10）やっと田中のことを見つけ出した。
［3］思考動詞（思い違いや名づけ）
　　（11）太郎は花子のことを美子だと思っている。
［4］外延的述語＋モダリティ要素＊5
　　（12）a.　＊花子のことを殴った。
　　　　　b.　花子のことを殴ってやりたい！

（笹栗・金城・田窪 1999: 3）

笹栗・金城・田窪（1999）は、[1]〜[4]に示した述語はすべて心的行為を表すものであると特徴付け、そこから「こと」が心的行為によって要求されるものであると主張した。そして、心的行為の対象に「こと」の付加が要求されるのは、属性を意味する「こと」を通して心的行為の対象を属性として捉えるためだと述べた。笹栗・金城・田窪（1999）は、このような考え方によって随意的な「こと」を統一的に分析することができるとしている。笹栗・金城・田窪（1999）での「こと」の意味に関する分析内容は、3.1で詳細に概観することにする。

2.2 コピュラ（copula）文の述部

随意的な「こと」はコピュラ文の述語にも登場するが、このようなタイプの「こと」について言及している先行研究は見当たらない。そこで、本書では、「こと」が現れるコピュラ文に注目し、「言語表現」と「指示対象」の関係付けという機能的観点から、それを大きく二つのタイプに下位分類して、それぞれの特徴を分析する。以下にコピュラ文における「こと」の下位分類を示しておく。

(13) コピュラ文における「こと」の下位分類
　　　［1］未知の言語表現をその指示対象と結び付ける場合
　　　　　(i) 先に言語表現を出して指示対象と結び付けるタイプ
　　　　　(ii) 先に指示対象を出して言語表現と結び付けるタイプ
　　　［2］既知の言語表現の指示対象を探索している場合
　　　　　(i) 対象を探して尋ねるタイプ
　　　　　(ii) 対象を探して確認するタイプ

以下では、上記の(13)の下位分類のそれぞれのタイプについて、具体例を挙げて説明する。

第1に、［1］未知の言語表現をその指示対象と結び付ける場合についてであるが、これはさらに二つのタイプに分かれる。一つは、先に言語表現を出して指示対象と結び付けるタイプである。具体例としては第1節で挙げた例文(3)をもう一度見よう。(3)では、「チョバップ」という「言語表現（名前）」の指示対象を「すし」と結び付けている*6。

再掲 (3) A：（韓国料理の本を読んでいて）

　　　　　　　ねえ、チョバップって、なに？
　　　　　　B：チョバップっていうのは、すしのことだよ。
もう一つは、先に指示対象を出して言語表現と結び付けるタイプである*7。例文（14）では、「冷コー」の指示対象を「アイス・コーヒー」と結び付けている。
　（14）大阪では、アイス・コーヒーのことを「冷コー」という。
　第2に、［2］既知の言語表現の指示対象を探索している場合の2タイプに該当する例を挙げて説明する。まず、対象を探して尋ねるタイプである。（15）では、「校則に違反した人」が誰かを探している。
　（15）先生：（学生に向かって）このなかに校則に違反した人がいます。
　　　　学生達：（お互いに）誰のことだろう。
　次に、対象を探して確認するタイプである。（16）は、「栓抜き」の指示対象が何かを確認する例である。
　（16）女性：（男性に向かって）
　　　　　　　ちょっとそこの栓抜きをとってもらえない？
　　　　男性：（探しながら）
　　　　　　　栓抜き？　ああ、これのことか。
　以上のいずれの場合も、「こと」が言語表現と指示対象を結び付けている点で共通している。このような「こと」の機能については、4.3で詳しく分析を行う。

3.「名詞句のこと」の意味に関する問題点

　本節では、「こと」に関する従来の研究を大きく三つに分けて概観する。3.1では「属性の集合」という考え方を、3.2では「定性（definiteness）のマーカー」としての働きを、3.3では「個体のタイプ上昇（individual sublimation）」という考え方について概観する。最後に、3.4では従来の意味論的分析の限界と語用論的分析の可能性について述べる。

3.1　属性の集合
「属性の集合」という考え方についてはすでに第2章や第3章の議

論において説明した。ここでは、随意的に付加される「こと」に「属性の集合」という考え方がどのように適用されるのかを中心に概観することにする。

　笹栗(1999)、笹栗・金城・田窪(1999)では、「こと」は特定の現実の要素を表す名詞のみに後続し、特定の指示対象のもつ「属性の集合」を導くとしている*8。この考え方は、感情述語と共起する「こと」にうまく適用できる。たとえば、(17)の「花子のこと」は「花子に関するすべての属性」という意味で捉えられ、「すべて」という副詞と共起することができる。

　(17) 太郎は花子のことをすべて愛している。
(笹栗・金城・田窪 1999: 5)

このような事実は、「こと」が花子に関する「属性の集合」を表すと考えれば、自然に説明できる。しかし、(18)のように「属性の集合」とはみなすことができない場合もある。(18)の場合は、「すべて」と「花子のこと」との共起が不可能である。

　(18) 太郎は花子のことを(*すべて)美子だと思っている。
(笹栗・金城・田窪 1999: 6)

笹栗・金城・田窪(1999)では、(18)のように、「identity」に関わる文に関して、「属性の集合」のなかに「identity 属性」と呼ばれる属性が含まれると仮定することで、感情述語以外の場合も同じ考え方で説明が可能だと述べられている。笹栗・金城・田窪(1999)で提案された「identity 属性」仮説とは、以下のようなものである。

　(19) ID 属性仮説
　　　「のコト」が表す属性の中には identity 属性、すなわち「NがNであるということ」を示す属性がある。
(笹栗・金城・田窪 1999: 6)

この仮説を(18)に当てはめると、「こと」は「ID 属性」を表し、「花子」を指示対象として選択するため、「花子のこと」は指示対象と1対1に対応するもので、結果として「花子」と等価になると述べられている。

　また、以下の(20)の「探す」のような内包的述語や(21)の「殴ってやりたい」のような外延的述語にモダリティ要素が後続する

述語の対象に「こと」が現れた場合は、話し手の現実の要素から心的領域の要素へマッピング（mapping）する機能をもつと考えられている。

　（20）太郎は山田さんのことを探している。
　（21）花子のことを殴ってやりたい。

つまり、（20）の「山田さん」は話し手の現実の要素として存在しているが、同時に探すという心的行為の対象としても考えられる。（21）の場合も「花子」は現実の要素であり、かつ「殴ってやりたい」によって新たに構成された心的領域の対象としても考えられる。（20）（21）において、「こと」が現れるのは、話し手の現実の要素と心的領域の対象という二つの要素をつなぐ役割（ID function）を果たすためだと述べられている。

　以上の笹栗・金城・田窪（1999）の分析では、「こと」は特定の個体を指示する名詞のみに後続するという制限をもつことになる。しかし、コピュラ文の場合を見ると、「こと」は特定の個体を指示する名詞句のみに後続するという考えには次のような疑問が残る。たとえば、前出の例文（3）のようなコピュラ文においては、不特定の要素である「すし」にも「こと」を付加することが可能である。これはコピュラ文では「こと」が特定の要素に後続するとは限らないということを意味している。

　再掲（3）A：（韓国料理の本を読んでいて）
　　　　　　　ねえ、チョバップって、なに？
　　　　　B：チョバップっていうのは、すしのことだよ。

　また、特定の要素である名詞に「こと」が後続しても、「名詞句のこと」が「属性の集合」を表すとはみなせない場合がある。それは、前出の例文（16）のように「名詞句のこと」全体が直示的に使われる場合である。

　再掲（16）女性：（男性に向かって）
　　　　　　　ちょっとそこの栓抜きをとってもらえない？
　　　　　男性：（探しながら）
　　　　　　　栓抜き？　ああ、これのことか。

（16）の「これ」は対話現場にあるものに直接言及している。一般に「これ」のような直示的な表現は指示機能だけをもち*9、属性的に使

用されることがない。だとすれば、「こと」を付けることで、「属性の集合」が定義できるとは考えにくい。

3.2 定性（definiteness）のマーカー

Kurafuji（1998）*10 は、「thing, fact, matter」を意味する「こと」が（22）のような感情述語の補部に現れて、そのような意味を表さず何の意味ももたないように見える場合を取り上げ、余剰な（pleonastic）要素としてみなした伝統的日本語文法（時枝 1950）とは異なる観点に立ち、「こと」は定性（definiteness）をマークする働きをもつと主張した。

(22) ジョンはメアリーのことが好きだ。

Kurafuji（1998）では、感情述語や内包述語の補部に現れる「こと」を説明するに当たって、「こと」が後続する名詞句のタイプにしたがって分類を行った。

(23) [＿＿＿ - no koto]
 a. common noun—*koto* functions as definite marker
 b. referential NP—*koto* has no semantic contribution
 c. quantified NP—*koto* has no semantic contribution

（Kurafuji 1998: 170）

上記（23）に示されているように、Kurafuji（1998）では、「こと」が普通名詞（common noun）に後続する場合、定性（definiteness）のマーカーとなるが、「こと」が指示的名詞句（referential NP）や量化された名詞句（quantified NP）に後続する場合、名詞の意味に何の変化ももたらさないと考えた。具体的な例を見よう。下記の（24）と（25）の場合、「こと」の有無によって明確な意味の差が感じ取れない。

(24) a. ジョンはメアリーが好きだ。
  b. ジョンはメアリーのことが好きだ。

（Kurafuji 1998: 174-175）*11

(25) a. ジョンはたいていの教授を嫌っている。
  b. ジョンはたいていの教授のことを嫌っている。

（Kurafuji 1998: 177）

一方、(26) の場合は、「こと」の有無によって名詞句の意味に明確な差が感じ取れる。

(26) a. ジョンは教授が好きだ。
　　 b. ジョンは教授のことが好きだ。

(Kurafuji 1998: 170)

(26a) はある特定の教授を指すとも不特定の教授を指すとも解釈できる曖昧な文であるが、(26b) は話し手が知っている特定の教授という解釈しかもたない。そこで、Kurafuji (1998) では、「こと」が普通名詞に後続する場合、名詞句全体の意味を定 (definite) としてマークする機能を果たすとしている*12。

　さらに Kurafuji (1998) では、形式意味論の分析方法に基づき、「こと」の意味を計算することで、(23) のすべての「こと」に統一的な分析を加えた。Kurafuji (1998) によると、(23) の「こと」はすべて定性 (definiteness) のマーカーであるが、指示的名詞句や量化された名詞句に後続する場合は、「こと」のもつ定性の影響が無効になるとされる。このような意味特徴は、以下の (27) に示されているような、すでに提案された理論的な操作と、(28) に示したような「こと」と「の」の意味の計算を組み合わせることで導かれると主張された。

(27) a.　LF-movement（cf. Porter 1992）：
　　　　 タイプのミスマッチが移動を引き起こす。
　　 b.　A type of an XP-trace is determined by its X^0-sister
　　　　（Bittner 1994）：移動によって残された痕跡のタイプは
　　　　 X^0-sister によって決められる。
　　 c.　Type-Lifting（Partee's 1987 IDENT）：
　　　　 個体 $\langle e \rangle$ を与えられた時、個体の属性 $\langle e, t \rangle$ を与える。

(Kurafuji 1998: 178 訳は筆者による)

(28) a.　「こと」の分析：$\lambda P \iota x [P(x)] \langle \langle e, t \rangle, e \rangle$
　　　　 ι-operator を使用して、NP の属性をもつ個体の集合のうち、個体をユニークに特定する。
　　 b.　「の」の分析：$\langle e, e \rangle$ 個体をとって個体を与える。

(Kurafuji 1998: 178 訳は筆者による)

　本書の目的は、意味を形式化することによって「こと」の機能を解

明することではないため、(27)と(28)のような意味論的な操作の詳細には立ち入らない。ここでは、Kurafuji（1998）の分析で明らかになった「こと」の意味論的機能について述べておく。

　Kurafuji（1998）の分析によると、「名詞句のこと」における「こと」の機能は二つに分かれる。一つは、「名詞句のこと」における名詞句が普通名詞の場合で、この場合は（28a）に示されているように「こと」の分析にイオタ演算子（ι-operator）*13 を使用することで、「名詞句のこと」全体の意味を「属性をもつ個体の集合のなかから、文脈のなかでユニークに決定できる個体」を表すものとして捉えている。たとえば、(26b) の「教授のこと」は文脈からユニークに特定できる教授を表し、英語の定冠詞 the と同様な働きをもつ。もう一つは、「名詞句のこと」における名詞句が指示的名詞句もしくは量化された詞句の場合で、この場合、(24)(25) に示したような「こと」の付加が名詞句の意味にまったく影響を及ぼさない空なもの（semantically vacuous）だとされる。

　しかしながら、Kurafuji（1998）の分析にも問題点が含まれている。まず、普通名詞に付く「こと」が定性（definiteness）のマーカーだとみなす考え方では、第1節で取り上げた例（2）のように、「名詞句のこと」全体が定（definite）の解釈を受ける場合は説明できるが、前出の（3）の「すし」のように不定（indefinite）の解釈を受ける場合を説明できない。もう一度、以下に（2）と（3）の例を示しておく。

再掲 (2) a.　太郎はお嫁さん φ を探している。
　　　　b.　太郎はお嫁さんのことを探している。
再掲 (3) A：（韓国料理の本を読んでいて）
　　　　　　ねえ、チョバップって、なに？
　　　　B：チョバップっていうのは、すしのことだよ。

(2)の場合は、裸名詞句のもつ曖昧性が「こと」の付加で解消され、「お嫁さんのこと」は現実の特定の妻を指し示すことができる。これに対して、(3)の場合は「こと」が付加されても、「すしのこと」は特定の「すし」の解釈にはならない。

　そして、より重要な問題点として、Kurafuji（1998）では、定名詞

句や量化された名詞句に付加される「こと」の機能として、「こと」は意味的に空なもの（semantically vacuous）であると考えられている。しかし、名詞句の意味に何ら変化をもたらさない空なものなら、なぜ「こと」が使用されるのだろうか。Kurafuji（1998）では、この点には答えを与えていない。このように意味論的に空であり、余剰的なものとして捉えられてきた「こと」に関して、本書では語用論的な分析を試みたいと考える。これに関する具体的な言及および（3）の「すしのこと」が何を指すかに関する議論は3.4で詳しく述べることにする。

3.3　個体のタイプ上昇（individual sublimation）

Takubo（2007）、田窪（2010）は、笹栗の一連の研究（笹栗1996、笹栗1999、笹栗・金城・田窪1999）を形式意味論の観点から発展させた研究である。Takubo（2007）や田窪（2010）は、個体のタイプ上昇（individual sublimation）という概念を援用することで、「こと」の機能を説明した。Takubo（2007）、田窪（2010）では、「名詞句のこと」における名詞句の意味的制約と個体タイプ上昇としての「こと」の機能について、以下の（29）のように定義されている。

(29) The function of no koto when NP is referential.
　　　No koto takes an NP that refers to a particular individual and changes it into the set of properties of the referent of NP, namely of the type $\langle e, \langle \langle e, t \rangle, t \rangle \rangle$.

（Takubo 2007: 143）

つまり、「こと」は個体のタイプ上昇を顕在化する形式であり、特定の個体を指示する名詞句に後続し、名詞句の意味を個体から個体のもつ属性の集合に変換する機能を果たすとされている。この考え方に立てば、まず事象（eventuality）を選択する述語の補部に「こと」が義務的に現れる場合について説明できる。

(30) NP1-が NP2-のことを議論する。

（Takubo 2007: 144 日本語表記は筆者による）

たとえば、(30) の「議論する」は、項（argument）として主体（agent）と事象をとる。この際、事象とは、個体の有するある属性

（または属性の集合）を意味すると考えられるため、(30) の文の意味は主体 NP1 が NP2 の有するある属性または属性の集合を議論したということだと説明される。

また、個体を項としてとる述語の補部に現れる「こと」も、同様な考え方で説明できる。

(31) a. 太郎が花子を愛している。
 b. 太郎が花子のことを愛している。

(Takubo 2007: 144 日本語表記は筆者による)

(31b) は太郎が花子の有するすべての属性を愛しているということだと捉えられる。花子の有する属性の集合と花子の外延は真理条件的に等価な意味を表すため、(31a) と (31b) が自由に交替可能になることが説明できる。

このような個体のタイプの上昇（individual sublimation）という考え方で「こと」を説明する際に、もう一つの重要な制約として「こと」が後続する名詞句の意味に関する制約がある。Takubo (2007)、田窪 (2010) では、以下の (32) のような制限を与えている。

(32) Constraint on NP in NP-*no koto*$_{op}$：

NP in NP- no koto$_{op}$ must end up being of type e post LF, i.e. no koto$_{op}$ is of type $\langle e, \langle\langle e, t\rangle, t\rangle\rangle$

(Takubo 2007: 151)

「名詞句のこと」における「こと」が名詞句の有する属性の集合という意味に変換する働きをもつためには、NP が必ず特定の要素（形式意味論ではタイプ e で記す）でなければならない。つまり、もともと特定の要素に「こと」が付くことによって「名詞句のこと」が形成され、形成された全体は指示的解釈（特定（specific）もしくは定（definite））になると捉えられている。

この Takubo (2007)、田窪 (2010) の観点は Kurafuji (1998) とは対照的である。Kurafuji (1998) の考えでは、もともと不定の名詞に「こと」が付くことによって「名詞句のこと」が形成され、形成された全体が定（definite）の解釈になる。Takubo (2007)、田窪 (2010) と Kurafuji (1998) の考え方を次の (33) を挙げて比較して述べておきたい。

(33) a. 太郎はお嫁さんφを探している。
　　 b. 太郎はお嫁さんのことを探している。

Takubo（2007）、田窪（2010）の考え方では、(33b) の「お嫁さんのこと」における「お嫁さん」は、(33a) の裸の「お嫁さん」のもつ曖昧な解釈、すなわち太郎の妻である特定の人物を指す場合と将来の新婦を指す場合のうち、前者の解釈を受ける場合に当たる。上記の (32) の制限から、「こと」が後続する名詞句はもともと特定の要素でなければならないからである。(33b) では、話者は「お嫁さん」が現実の特定の妻を指すということを知っているため、「こと」が付加できる。その特定の要素に「こと」が後続してタイプ上昇を行うため、名詞句全体の意味は再び特定の解釈になる。

他方、Kurafuji（1998）の考え方では、まず裸の普通名詞は当該名詞の有するべき属性をもったものの集合という意味を表す。「お嫁さん」はお嫁さんの属性をもった人の集合として解釈され、個体は特定されない。そして「こと」はこのような集合に付加されて、文脈に応じて特定の要素を選び出す機能（イオタ演算子の働き）をもつものとみなし、「お嫁さん」のような不定名詞に「こと」を付加すると、個体が特定されるとしている。

Takubo（2007）、田窪（2010）が示した「名詞句のこと」における名詞が特定の要素であるとする根拠を以下の2点にまとめておく。

まず第1に、Takubo（2007）と田窪（2010）は、「普通名詞のこと」が部分詞（partitive）の解釈ももつことができると指摘している。Kurafuji（1998）は、(34b) の「教授のこと」は部屋に入ってきた数人の教授の一部として解釈されないため、「教授のこと」は不定かつ特定（indefinite・specific）の解釈にならないとした。

(34) 色んな職業の人がおおぜい部屋に入ってきた。そのなかに教授が数人含まれている。
　　 a. ジョンは教授を嫌っている。
　　 b.*? ジョンは教授のことを嫌っている。

(Kurafuji 1998: 172)

これに対して、Takubo（2007）、田窪（2010）は、(34) の文脈でも「名詞句のこと」における「名詞句」が不定かつ特定（indefinite・

specific）になっても良いと指摘した。たとえば、(34a) を二人の教授に置き換えることができれば、(34b) の場合も「二人の教授のこと」と置き換えられ、数人の教授のうち二人の教授を嫌っているという解釈が得られる。この場合、二人の教授はどの教授であってもかまわないため、不定かつ特定（indefinite・specific）の解釈になる。

第 2 に、「名詞句のこと」における名詞句の特定性（specificity）に関連して、以下の (35) のような現象が指摘されている。(35a) の「犬のこと」は不自然であるが、(35b) のように名詞に「ある」を付け加えて特定性（specificity）を付与するか、(35c) のように「この」のような指示詞を付けることで名詞に定性（definiteness）を与えると、据わりの良い文になる。

(35) a. ?私は犬のことを見かけた。
  b. 私はある犬（のこと）を見かけた。
  c. 私はこの犬（のこと）を見かけたよ。

(Takubo 2007: 141 日本語表記は筆者による)

(35b) のような「ある NP のこと」で談話を開始することが可能であるため、「NP のこと」は不定（indefinite）であっても良い。つまり「NP のこと」を定（definite）の解釈に限定する必要はないと指摘した。

以上をまとめると、「こと」の研究における Takubo（2007）、田窪（2010）の分析の大きな意義は、「こと」の個体のタイプ上昇（individual sublimation）という同じ考え方で、義務的な場合と随意的な場合を統一的に捉えることが可能になったことであると言えよう。ただし、この分析では補部の名詞句に「名詞句のこと」形を要求する述語の性質によって、「こと」の意味論的貢献が異なるとされる。つまり、「報告する」「議論する」のような述語の補部名詞句に義務的に現れる「こと」は、具体名詞を抽象名詞に変換する働きをするため、「こと」は名詞句の意味に変化をもたらす。一方、「愛する」「殴る」のように、個体を項としてとる述語の補部に現れる「こと」は、裸名詞と真理条件的に同様な意味を表すため、意味論的な働きは空なもの（semantically vacuous）となる。

しかし、「こと」が意味論的に空なものであるとみなすと、裸名詞

と「名詞句のこと」が一見自由に交替できる現象は説明できるが、それならなぜ「こと」を使う必要があるのかは説明できない。先に述べた Kurafuji（1998）と同様に Takubo（2007）、田窪（2010）も、なぜ「こと」が使われるのかという疑問には答えていない。この疑問に答えるための本書の考え方は以下の 3.4 で述べることにする。

3.4　意味論的分析の限界と語用論的分析の可能性

本節では、上記 3.1 から 3.3 にかけて概観した意味論的分析に残される問題を 2 点指摘し、その解決のための語用論的分析の可能性を示す。

「名詞句のこと」に関する従来の研究では、笹栗の一連の研究（笹栗 1996、笹栗 1999、笹栗・金城・田窪 1999）、Takubo（2007）、Kurafuji（1998）により意味論的分析が行われており、名詞句の意味論研究に大きな成果を挙げてきている。Takubo（2007）の個体のタイプの上昇という考え方も、Kurafuji（1998）の定性（definiteness）のマーカーという考え方も、いずれの分析でも名詞句に「こと」が付加されたときの意味解釈を十分に説明できる。しかしながら、先行研究の分析にはいまだ解明されていない問題が残されている。

まず、先行研究の議論をまとめると、「こと」は定（definite）もしくは不定かつ特定（indefinite・specific）の名詞に付加されて、全体として定（definite）の意味になるとされる。しかし、この捉え方だけでは、コピュラ文における「名詞句のこと」が不定（indefinite）の解釈になる場合を説明できない。関連する例として第 1 節の（3）を挙げておく。

　再掲（3）A：（韓国料理の本を読んでいて）

　　　　　　ねえ、チョバップって、なに？

　　　　　B：チョバップっていうのは、すしのことだよ。

（3）の「すし」は特定の「すし」を指すわけではない。それでは、「すし」が指す対象は具体的にどのように捉えれば良いのであろうか。たとえば、「すし」が指すものを「言語表現（名前）」もしくは「種類（kind）」だと捉えると、「すし」は特定（specific）の要素として扱うことも可能ではないかと考えられるかもしれない。しかし、日本語で

は名詞句を「言語表現（名前）」を指すものとしてメタ的に用いる場合、必ず「って（というの）」という標識が現れる。この例でも、「チョバップ」は言語表現の名前を指す形式なので、「って（というの）」が付加されている。ゆえに、「すし」の指示対象が言語表現であるとは考えにくい。(3B)は、韓国語の「チョバップ」という言語表現が何を意味するかが説明される定義文*14である。つまり、「AはBだ」において、Aの意味内容はBによって説明され、Aの言語表現はBでの言語表現の指す具体的な対象（指示対象）や意味（定義的属性）によって定義される。したがって、(3B)では、「チョバップ」という言語表現の意味が「すし」の指示対象もしくは属性的意味のどちらかの解釈にならなければならない。このような観点からも、「すし」の指すものが「言語表現（名前）」であるとは考えられない。

次に、「すし」が指すものが「すしという食べ物の種類（kind）」だと仮定しよう。こう考えれば、先行研究で述べられたように特定の要素に「こと」が付加されたことになる。しかし、次のように種類（kind）を指示する名詞句が使用される典型的な文脈で、「名詞句のこと」を使用すると不自然になってしまう。

(36) A：（目の前を歩いている虫を指指して）
　　　　ねえ、この虫、なに？
　　B：それは、$\begin{Bmatrix} カブトムシ\phi \\ *カブトムシのこと \end{Bmatrix}$だよ。

(36)は、「その虫の種類はカブトムシだよ」と言い換えられるが、種類を表す名詞句に「のこと」を付加することは許されない。ゆえに、(3)における「すし」を種類だと解釈するのには無理がある。

むしろ(3B)は、「チョバップというのは、お酢で味付けをしたご飯に魚を載せたもののことだよ」と自然に言い換えられる。つまり、「すし」は、ある属性を共有する不特定の個体の集合として捉えられる。まとめると、この例における「すしのこと」は不定かつ不特定（indefinite・specific）の解釈をもつと考えるのが妥当であり、「こと」は特定ではない要素（不定名詞）にも付加されると考えるべきである。

次に、より重要な問題として、Takubo（2007）、田窪（2010）、Kurafuji（1998）では、「こと」が多くの場合、意味論的な変化をも

たらさない空なもの（semantically vacuous）と考えたが＊15、「こと」が意味論的に何も効果をもたらさないものなら、なぜ「こと」を使用する必要があるのか疑問が残る。この点に関しては、先行研究の分析では答えを出していない。

以上で述べたように、随意的に見える「こと」の働きは、特定（specific）もしくは定（definite）のような意味論的概念だけでは捉えきれないと考えられる。それでは、「こと」の働きを語用論的な観点から考えてみることはできないであろうか。

「こと」の使用は一見随意的に現れているように見えても、その使用においては、発話の状況（文脈）と密接な関わりがある。前出の（15）と（15'）の文脈を比較してみよう。（15）では、「こと」が自然に使われる。

　再掲（15）先　生：(学生に向かって)
　　　　　　　　　　このなかに校則に違反した人がいます。
　　　　　　学生達：(お互いに)誰のことだろう。

しかし、同じ名詞句でも、（15）とは対照的に次の（15'）では、「こと」が使われると不自然に感じられる。

　（15'）(誰かが校則に違反したため、停学になるという噂が流れていたとき)
　　　　　　学生：(お互いに) { 誰∅ / ??誰のこと } だろう。

ここでの「こと」の付加による文の適否の相違は何に起因するのであろうか。（15）と（15'）の相違は、談話のなかに保有している知識の異なる人間が存在するかという点である。すなわち、校則違反者を先生は知っているが学生達は誰なのか特定できていない。次の（16）と（16'）も同様の例である。

　再掲（16）女性：(男性に向かって)
　　　　　　　　　　ちょっとそこの栓抜きをとってもらえない？
　　　　　　男性：(探しながら)
　　　　　　　　　　栓抜き？　ああ、これのことか。
　（16'）(みんなで落し物を探しているが、同じようなものばかりで、どれだか分らない。そのなかで一人が言い出す。)

$\left\{\begin{array}{l}これ\phi \\ ??これのこと\end{array}\right\}$かな。

「こと」の使用が自然に成り立つ（16）の場合は、談話のなかには二人の異なる知識をもつ参与者が存在している。つまり、女性は頭のなかに特定の栓抜きのイメージがあるため、「栓抜き」という表現で特定の個体を指示することができる。しかし男性のほうは、「栓抜き」という表現の指示物がイメージできていない。そこで両者が目の前にしている個体「これ」が「栓抜き」の指示対象であるか、確認しなければ特定することができない。しかし、「こと」の使用が不自然な（16'）の談話では、全員が探している対象を特定できていない。そこには、異なる知識をもっている参与者は存在せず、全員によって共有された直示的場面しか存在しない。

　上記の（16）と（16'）を見れば、一見「こと」が随意的に付加されるように見えても、使用できる文脈に相違があることがわかる。つまり、「こと」の使用の可否は複数の異なる知識をもった談話参与者の存在と相関していることが見て取れる。だとすれば、随意的に見える「こと」の特徴を捉えるためには、談話における参与者の知識を扱う語用論的な立場から説明したほうが有効であろう。そこで、以下の第4節では、談話における知識管理の観点から「こと」の機能を検討したい。

4. 談話における知識管理と「名詞句のこと」

　すでに述べたように、先行研究で提案された意味論的分析では、次の（3）のようなコピュラ文に使用される「名詞句のこと」の機能を捉えることが難しい。

　再掲（3）A：（韓国料理の本を読んでいて）
　　　　　　　ねえ、チョバップって、なに？
　　　　　B：チョバップっていうのは、すしのことだよ。

この文において特徴的なのは、「韓国語」の知識において話し手と聞き手の間に相違が見られる点である。つまりAは韓国語に関する知識がないために「チョバップ」の意味するものがわからないが、Bは

知識をもっている。一方AもBも、日本語の「すし」の意味するものが何かはわかっている。そこでBは、「チョバップ」の意味するものをAに説明するために、コピュラ文を使用することで韓国語の意味と日本語の意味を結び付けようとしているのである。この際、「こと」が使用されなければ不自然に感じられる。これは、すでに本章の第1節において（3'）のように示した。ここでは参考のためにもう一度取り上げておく。

再掲（3'）A：（韓国料理の本を読んでいて）
　　　　　　ねえ、チョバップって、なに？
　　　　　B：?チョバップっていうのは、<u>すしφ</u>だよ。

本書では、このような異なる知識空間における対応物を結び付けるコピュラ文を扱うために、Fauconnier（1985）が提唱したメンタル・スペース理論におけるコピュラ文の分析を使用する。さらに、話し手と聞き手の間の知識の相違を扱うため、談話における知識管理（田窪1989）という考え方を導入する*16。以下では、順に理論の概要を説明する。

4.1　メンタル・スペース理論

4.1.1　理論の概要

メンタル・スペース理論におけるコピュラ文の機能を分析するに先立って、まず、メンタル・スペースという操作概念に関して簡単に概観しておく。ここでは、4.2.2以降で議論される内容の理解を助けることが目的であるため、「メンタル・スペース」と呼ばれる操作概念および、スペース間の要素同士の結合に関係する事項について紹介するにとどめておく。

メンタル・スペース理論はFauconnier（1985）によって提唱された言語理論であり、意味論と語用論を統合する言語理解を目指している。メンタル・スペースは文法的知識と言語外的世界の間の相互作用が行われる認知インターフェイスであるとされている。この理論では、言語表現は単に外部に存在する世界やモデルを正しく、あるいは誤って表現するだけではなく、メンタル・スペースと呼ばれるそれ自身の世界を作ると考えられている。メンタル・スペースとは要素および要

素間に成立する関係から成る構造をもつ増加可能集合と定義され、談話において設定され、その進行にしたがい変化する。すなわち、「$Ra_1a_2\ldots\ldots a_n$ がメンタル・スペース M において成り立つ」といった表現は、$a_1, a_2, \ldots\ldots, a_n$ が M の要素であって、$(a_1, a_2, \ldots\ldots, a_n)$ に対して関係 R が成り立つということを意味する。たとえば、次の例文（37）では、話者の現実スペースに Susan と Harry という要素が存在し、この二つの要素間には *like* という関係が成り立っている。

(37) Susan likes Harry.

(37') Susan likes Harry. Max believes that Susan hates Harry.

また（37）に引き続き、（37'）の談話が続けば、Max という要素が加わり、「スペース導入表現」*17 Max believes によって Max の信念に対応するスペースが導入され、そのなかでは Susan と Harry の間に hate という関係が成り立つ。さらに談話が進行すれば、次々に新しい要素とスペースが加わり新しい関係が設定されていく。

また、談話には、特に文法的に明示されなくても常に起点スペースが設定され、これは特別な指定がなければ話し手の信念に対応する*18。たとえば、（38）はスペース導入表現によって「親スペース」が明示的に指定されていない場合であり、話者の現実スペースが「起点スペース」となる。

(38) 談話 D がスペース R（起点（＝「話し手の現実」））に関連して始まる。

    a. Susan likes Harry.
        R にスーザンとハリーの関係を設定する

    b. Max believes that Susan hates Harry.
        M のスペース　　　　M にスーザンとハリーの
        導入表現　　　　　　関係を設定する

(Fauconnier 1985: 23)

そして、談話でスペース導入によって新しく設定されたスペースはその起点スペースに語用論的に結合されなければならない。たとえば、（39）は、起点スペース R のなかに導入表現 In Len's painting によってもう一つのスペースが設定される。ここでは、In Len's painting によってイメージが設定され、現実の青い目の女の子を絵のなかの緑の

目の女の子に結合する。(39)に設定されたスペースの構成とスペース間の要素同士の関係は、(40)のように示される。

(39) In Len's painting, the girl with blue eyes has green eyes.

(Fauconnier 1985: 16)

(40)

F_{image}（コネクター）

（トリガー）a・　　　　　　・b（ターゲット）
　モデル　　　　　　　　　　イメージ
d_a = "the girl with blue eyes"　　d_b = "the girl with green eyes"

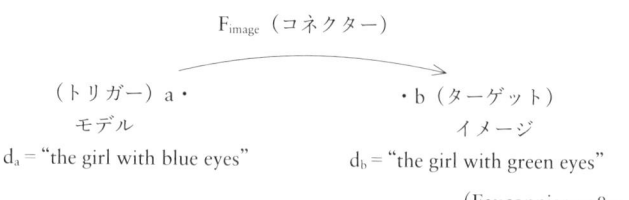

(Fauconnier 1985: 17)

(40)においてモデルとなった少女を表すaは話者の現実スペースに設定された要素であり、「指示トリガー」と呼ばれる。絵のなかのイメージであるbはレンの絵のなかの要素であり、「指示ターゲット」と呼ばれる。Fは「コネクター」と名付けられる。話者の現実スペースのモデルa（青い目の女の子）がイメージ・コネクターFのトリガーとなって、ターゲットb（緑の目の女の子）に結合される。このような場合に「同定（ID）原則」[19]が適用され、現実の青い目の女の子の記述によって絵のなかの緑の目の女の子が同定される。

4.1.2　コピュラ文の「スペース間的用法」

Fauconnier（1985）では、メンタル・スペース理論でコピュラ文の用法に関して興味深い指摘がなされた。Fauconnier（1985）では、コピュラ文におけるbe（である）の用法として3点が指摘されているが、ここでは、そのなかで、本書と直接関係のある「スペース間的用法」を中心に紹介することにする[20]。
Fauconnier（1985）の指摘したbeの「スペース間的用法」とは、異なるスペースに属する対応物である要素同士を結び付け、その間に対応関係を設定する用法である。たとえば、(41)のような例では、話し手の現実スペースに属する女優エリザベス・テーラーと映画のなかのクレオパトラの間に対応関係が設定されている。

(41) In that movie, Cleopatra is Liz Taylor.
　　　（その映画では、クレオパトラはエリザベス・テーラーだ。）

(ドラマ・コネクター：“登場人物→俳優”)

(Fauconnier 1985: 184)

コピュラ文である Cleopatra is Liz Taylor は、映画スペース内部における関係を表現しているのではなく、話者の現実スペースと映画スペースの関係を表現している*21。すなわち、話者の現実スペースの要素である女優エリザベス・テーラーを、映画スペースの要素である登場人物クレオパトラに明示的に結び付けている。現実スペースの俳優（a）と映画の登場人物（a'）の間の関係は、以下の（42）のように示すことができる。

(42)

a：エリザベス・テーラー　　　　　　a'：クレオパトラ

F（コネクター）

a・　　　　　　　　　　・a'

話し手の現実スペース　　　　映画スペース

このようなコピュラ文の「スペース間的用法」は、日本語にも適用できる。次の（43）の例を考えてみよう。

(43) 京都では、たぬきうどんはあんかけうどんだ。

(43) では、話者の現実スペース R と「京都では」によって導入される関西のスペースという二つのスペースが設定されている。(43) は、話者の現実スペース R の要素「あんかけうどん」と京都のスペースにおける「たぬきうどん」との間の関係を表現している。(43) に対応するスペース構成は（44）のように示すことができる。

(44)

a：あんかけうどん　　　　　　　a'：たぬきうどん

F（コネクター）

a・　　　　　　　　　　・a'

話し手の現実スペース R　　　京都のスペース

4.2 談話管理理論
4.2.1 談話における知識管理

本節では、「こと」の談話機能を分析するための重要な手がかりである「知識管理」について説明する。

田窪（1989）は、談話管理理論を応用して、文に表されるモダリティ性の有無があるのと同様に、名詞句の場合にもその区別があるとした[22]。たとえば、共有知識を表す裸の名詞句、知識の差を表す「N1というN2」およびメタ指示[23] の「Nって（というの）」がそれである。田窪（1989）によると、「N1というN2」および「Nって（というの）」は、相手の知らない要素を導入する際の表現だと述べられている。以下では、それぞれの用法について具体例を挙げて紹介する。

まず「N1というN2」を使う場合について見よう。相手と共有されていない人物を対話に導入する際には裸の固有名詞は使えず、普通名詞を使わなければならない。固有名詞を普通名詞にする方法は（45）の例に示されているように、「名詞＋という＋基本範疇名詞（人・ものなど）」のような記述を使うことである。

（45）きのう、田中四郎という人／?? 田中四郎に会いました。
　　　山田さんをよくご存知だとおっしゃっていましたよ。

　　　　　　　　　　　　（田窪 1989: 219 下線と文法性の表示は筆者による）

次に、自分の知識空間には言語記号の名前だけが設定されていて、相手が言った表現の「意味（定義的に属性）」もしくは「値（指示対象）」がわからない場合には、「名詞＋って（というの）」という名詞句形式が使われる。

（46）a．田中さんにあったよ。
　　　b1．田中さんってだれ。
　　　b2．田中さんってどの田中さん。
　　　b3．それ誰。

　　　　　　　　　　　　（田窪 1989: 225 下線表示は筆者による）

（46）の場合、「田中さん」は文脈によって限定されていないため、bに設定されているのは「田中さん」という名前だけであり、値（指示対象）がない。名前に対して値や意味を再設定するために「って（というの）」を義務的に使わなければならない。（46）は、話者aは相

手bが「田中さん」をすでに知っていると誤って想定をしている場合である。(46b)の話者は「田中さん」を知らない場合で、bのほうに設定されているのは次の図式(47)のH(聞き手のスペース)に表示されているように「田中さん」という名前(言語表現)だけである。そこで、aは自分の記述である「田中さん」という裸の固有名詞は使えず、相手の記述である「田中さんって」を用いて「田中さん」を同定しなければならない。もし、(46a)の話者が自分と相手との知識状態を正しく想定していたとしたら、両者の知識状態は以下の図のように表すことができる。

(47)

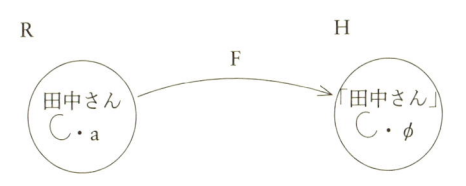

```
         R              F              H
      ┌─────┐    ─────────────▶   ┌─────┐
      │田中さん│                     │「田中さん」│
      │  ・a  │                     │  ・φ  │
      └─────┘                     └─────┘
```

(田窪 1989: 225)

ここで、田窪(1989)で使われている(47)の図式の記号について説明しておく。(47)の図全体は話し手が想定した話し手と聞き手の知識世界であり、円は心的スペースを表す。Rは話し手のスペースで、Hは聞き手のスペースである。ただし、聞き手のスペースHは話し手の信念内の聞き手の知識を表示するもので、HはRの部分集合であるが、表記上Rの外に出している。またRもHを除いた集合として扱う。F(写像関数)はRの要素をHの要素に対応させるコネクターである。Rのなかのaは値が存在することを示し、Hのなかのφは値が存在しないことを意味する。「」は言語記号の名前だけが設定されていることを示す。

以上のように、「という」「って(というの)」のような言語形式は、それが補われた名詞句に対する話し手と聞き手の知識のあり方(非共有知識)を表示する機能をもつため、田窪(1989)では「という」「って(というの)」を「名詞句のモダリティ」として捉えた。

ただし、田窪・金水(1996)では、田窪(1989)での主張の問題点を指摘し、日本語の言語表現における知識の非対称現象について新たな観点で捉え直した。そこでは、固有名詞、「彼、彼女」といった

3人称の代用形、メタ形式を取り上げ、「話し手と聞き手の共有知識」「話し手の想定する聞き手の知識」による説明を廃棄し、その代わりに知識の領域を会話の現場から直示的指示が可能な直接経験領域と、記述などにより間接的に指示される間接経験領域という区別によって説明されるべきことが提案されている。

　しかし、本書で述べようとする「こと」の使用制限は知識の直接性、間接性によって説明するより、むしろ知識の共有領域、非共有領域との相関から説明したほうが有効であると考えられる。なぜなら3.4の（16）と（16'）に対比されているように、「こと」の使用は直示的指示が可能な場合でも許される場合とそうではない場合があるからである。（16）と（16'）の対比は知識の直接性ではなく、むしろ、共有知識空間と非共有知識空間が設定されているか否かによる説明が理解しやすい。また、「山田という人」のように間接的知識を表す名詞句の場合、「こと」を付けて「山田という人のこと」と言える。このような例から考えると、「こと」は知識の直接、間接に関わるものではない。以上のような理由により、本書では、より直感的にわかりやすい共有知識という概念を使用することにする。

4.2.2　談話における共有知識と「名詞句のこと」

　本節では、田窪（1989）の談話管理理論における知識管理の考え方をメンタル・スペース理論によるコピュラ文の分析と組み合わせることで、コピュラ文における「こと」の働きを説明する。

　まず「こと」と共有知識との関係を理解するために、田窪（1989）での知識の相違を示す（46）に対応する例として（48）を考えてみよう。

(48) A：この本、アリンちゃんに渡しておいて。

　　　B：アリンちゃんって誰ですか。

　　　A：あ、ごめん。ごめん。アリンちゃんっていうのは
$$\left\{\begin{array}{l}\text{??ロザリンさん}\phi \\ \text{ロザリンさんのこと}\end{array}\right\}\text{だよ。}$$

Aは「アリンちゃん」が指すのが誰であるかを知っているが、Bは「アリンちゃん」が誰だかわからない。この点で、（48）における話し手と聞き手の知識状態は（46）と同様である。しかしこの例では、

話し手と聞き手は「ロザリンさん」が誰であるかを共有知識として知っている。このとき「こと」は、話し手と聞き手がお互いに知っている要素に付けられている。そこで、このような例における「こと」の使用は、話し手と聞き手の知識のあり方と相関していると考えられる。そのため、「こと」を使用しなければ据わりの良くない文のように感じられる。

ただし、このような例における「こと」を説明するためには、話し手の知識だけではなく、話し手が聞き手と共有している知識を考慮しなければならない。そこで、田窪（1989）で使用された（47）の図式とFauconnier（1985）の（42）の図式を修正し、話し手の知識空間Rのなかに、話し手だけが保有している知識空間と話し手と聞き手が共有している知識空間の二つを設定することが必要である。

上記の（48）におけるAの知識状態を図式で表すと、次の（49）のようになる。

（49）

R　　　　　　　　共有

（アリンちゃん ・a）　→　（ロザリンさん ・a'）

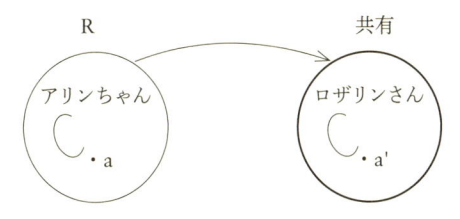

（49）で左側のRは話し手の想定する知識空間を表す。このRのなかには、話し手と聞き手の共有知識空間と話し手だけが保有している知識空間を含んでいる。わかりやすく示すために共有知識空間は右側に取り出しておく。すなわち、Rのなかには小さい二つの円が存在するが、そのうち、左側の円が話し手だけの知識空間で、その右に取り出されている円が話し手と聞き手の共有知識空間を示している。話し手だけがもっている知識空間には、「アリンちゃん」という表現が指す対象aが存在している。それが共有知識空間中の「ロザリンさん」が指す対象の対応物という意味でa'と表記してある。（49）における矢印は、話し手だけの知識空間の要素を共有知識空間の要素に結び付ける関数で、この関数によって話し手だけが保有している知識空間の「アリンちゃん」が指す対象は共有知識空間にある「ロザリンさん」

が指す対象に対応することを示している。(49)の図式を見れば、「こと」がどのような知識空間内の要素に対して使用可能なのかが明確に見えてくる。すなわち、共有知識空間に存在する要素（ロザリンさん）のみに「こと」が使用されることが明確にわかる。

4.3 コピュラ文に現れる「名詞句のこと」の談話機能

本節では、これまでに述べたコピュラ文の「スペース間的用法」と談話管理理論を結び付けた分析を整理し、コピュラ文における「こと」の機能を導き出す。そしてその機能から、2.2で分類した二つのタイプのコピュラ文が説明できることを示したい。

(50) 京都では、たぬきうどんは<u>あんかけうどんのこと</u>だ。

(50)で、非共有知識空間（京都の空間）の「たぬきうどん」が何を意味するかは、共有知識空間内の要素である「あんかけうどん」に結び付けることによってはじめてわかるようになる。この際「こと」は共有知識内にある「あんかけうどん」を明示的に示すために使用されている。このような説明は、(51)の図式で示すことができる。

(51)

R　　　　　　　　　　共有

たぬきうどん　　　　たぬきうどん
・a　　　　　　　　・b
　　　　　　　　あんかけうどん
　　　　　　　　・a'

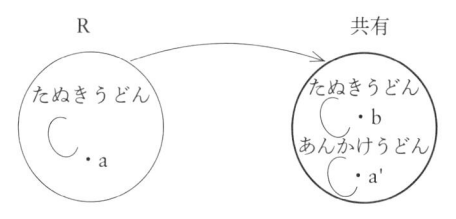

(51)でRは話し手の想定する知識空間を表し、話し手と聞き手の共有知識空間と話し手だけが保有している知識空間（京都の知識空間）を含んでいる。すなわち、Rのなかの小さい二つの円のうち、左側の円が京都の知識空間で、右側に取り出してある円が話し手と聞き手の共有知識空間を示している。共有知識空間には、「たぬきうどん」という表現が存在するが、京都で指すものとは異なる属性をもっていることをbで示してある。そして共有知識空間中の「あんかけうどん」が指す対象は京都の知識空間の「たぬきうどん」が指す対象の対応物という意味で、a'と表記してある。矢印は京都の知識空間の要素を話者の現実の要素に結び付ける関数で、この関数によって共有知識空

間の「あんかけうどん」が指す対象 a' は京都の「たぬきうどん」が指す対象 a に対応することを示している。

このように異なる知識空間における要素のあり方を図示することで、「こと」はある要素が話し手と聞き手の共有知識に属するものであることを明示的にマークする働きをすることを可視的に示すことができる。その点で、メンタル・スペース理論と知識管理理論を組み合わせた説明は「こと」の機能を説明するのに有効だと言える。(51)の図式を見れば、知識のあり方が異なる複数の知識空間が導入されている談話において、「こと」がどのような知識空間内の要素に付けられるのかが明らかである。すなわち、共有知識空間に存在する要素（あんかけうどん）のみに「こと」が付けられることがわかる。逆に言えば、次の(52)に示されているように、話し手のみが保有している京都の知識空間内の要素である「たぬきうどん」に「こと」を付けると不自然な印象を与えてしまうのは、「たぬきうどん」が共有知識の要素ではないからである。

(52)＊京都では、たぬきうどんのことはあんかけうどんだ。

以上のような考察の結果から、このコピュラ文の「スペース間的用法」と知識管理の観点を組み合わせることで、コピュラ文における「こと」の機能を導き出すことができた。「こと」の機能をまとめると、以下の(53)の通りである。

(53) コピュラ文に現れる「こと」の機能
　　　 コピュラ文「NP_1 は NP_2 のことである」は、ある知識空間のなかの表現（NP_1）の指す対象（a）と共有知識空間のなかの表現（NP_2）の指す対象（a'）を結び付ける（a' = F (a)）ことができる。このとき、「こと」は（a'）が共有知識空間における（a）の対応物であることを示す。

(53)の原理を用いることで、本章の2.2で下位分類したコピュラ文に現れる「こと」の機能を分析することができる。以下に示したタイプ［1］の二例から説明する。

> [1] 未知の言語表現をその指示対象に結び付ける場合
>   (i) 先に言語表現を出して指示対象と結び付けるタイプ
>   (3) A：(韓国料理の本を読んでいて)
>   ねえ、チョバップって、なに？
>   B：チョバップっていうのは、<u>すしのことだよ。</u>
>   (ii) 先に指示対象を出して言語表現と結び付けるタイプ
>   (14) 大阪では、<u>アイス・コーヒーのことを</u>「冷コー」という。

まず、(3)は、韓国語の「チョバップ」の意味は、私たちの知識のなかにある「すし」に対応することを表している。このとき、「こと」は共有知識空間での対応物を明示的に示すために使用されている。(3B)における話し手が想定する知識空間の構成は、以下の(54)の図式のように表すことができる。

(54)

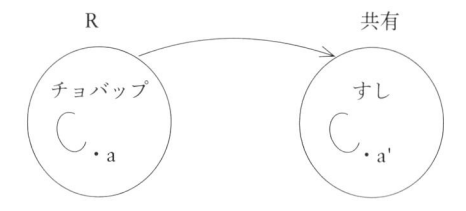

```
        R              共有
   ┌─────┐       ┌─────┐
   │チョバップ│       │ すし │
   │  ・a   │       │  ・a' │
   └─────┘       └─────┘
```

ここで、(54)の図式の示し方は、(51)の図式と同様な構成であり、非共有知識空間の要素から共有知識空間の要素への結び付きとなっている*24。「こと」は、(54)の図式に示されているように、知識のあり方が異なる複数の知識空間が導入されている談話において、共有知識空間に存在する要素（すし）のみに付加される言語表現であることがわかる。

次に、タイプ［1］のうち、(ii) 先に指示対象を出して言語表現と結び付けるタイプについて説明しよう。(14)は、私たちが「アイス・コーヒー」と呼ぶものは、大阪で「冷コー」と呼ぶものに当たるという意味を表す。この場合も話し手によって知識のあり方が異なる複数の知識空間、すなわち話し手と聞き手の共有知識空間と大阪の知識空間が設定され、私たちの共有知識のなかの「アイス・コーヒー」

の対象が大阪における「冷コー」という表現と結び付けられている。(14)における話し手が想定する知識空間の構成は、以下の(55)の図式の通りである。

(55)

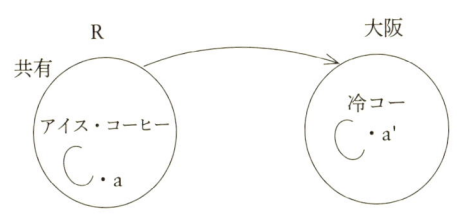

```
           R              大阪
       共有
      ┌─────────┐    ┌─────────┐
      │アイス・   │    │  冷コー  │
      │コーヒー   │    │   ・a'   │
      │   ・a    │    │         │
      └─────────┘    └─────────┘
```

(55)の図を通して、知識のあり方が異なる複数の知識空間のうち、「こと」は共有知識空間のなかにある要素に付けられることがわかる。ただし、(55)の図式が示しているように、(14)は共有知識から非共有知識への結び付きである点を考慮すると、(14)のようなコピュラ文に対する原理は、関数の方向性が(53)で導き出した「こと」の現れるコピュラ文における原理とは異なる。つまり、(53)における名詞句の順番は必ずしも一方向だけではない。しかし、「こと」が付加されるのは、常に共有知識内の対応物であることに変わりはない。

引き続き、タイプ[2]の既知の言語表現の指示対象を探索している場合について説明しよう。

---

[2] 既知の言語表現の指示対象を探索している場合
　(i) 対象を探して尋ねるタイプ
　　(15) 先生：(学生に向かって)このなかに校則に違反した人がいます。
　　　　学生達：(お互いに) 誰のことだろう。
　(ii) 対象を探して確認するタイプ
　　(16) 女性：(男性に向かって) ちょっとそこの栓抜きをとってもらえない？
　　　　男性：(探しながら) 栓抜き？ああ、これのことか。

まず(i) 対象を探して尋ねるタイプについて説明する。(15)は、校則に違反した人であるような人を、みんなが知っている人のなかから

第4章　談話における「名詞句のこと」の機能　　105

探す場合で、先生の頭のなかにある「校則に違反した人」の指す対象を、学生たちは自分たちが共有する知識空間のなかで探していることを示すために「こと」を用いている。(15)における話者が想定する知識空間の構成は、以下の(56)の図式のようになる。

(56)

R　　　　　共有

校則に違反した人　　　誰
　・a　　　　　・a'

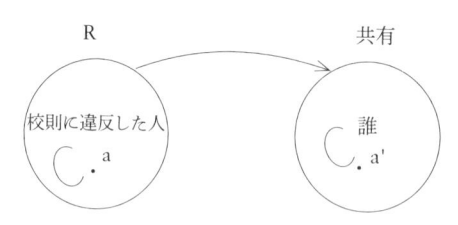

次に、タイプ［2］のうち、(ii) 対象を探して確認するタイプを考えてみよう。(16)の男性の発話は、あなた(女性)の知識空間における「栓抜き」の対象を私たちの直示空間(共有空間)のなかの「これ」の指し示す対象と結び付けることが正しいかどうか確認を求めている。(56)における話し手が想定する知識空間の構成は、以下の(57)の図式の通りである。

(57)

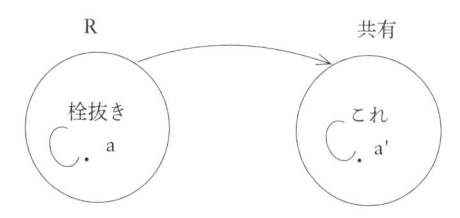

R　　　　　共有

栓抜き　　　これ
　・a　　　　・a'

以上の分析を通して、コピュラ文に登場する「こと」は、話し手の想定による異なる知識状態を有する複数の知識空間のうち、共有知識空間内に存在する言語表現とそれが指す対象を示すために使用されるという結論を得ることができた。

4.4　心的行為述語の補部に現れる「名詞句のこと」の談話機能

本節では、4.3のコピュラ文における「こと」の分析を通して得られた共有知識を明示するという「こと」の談話機能を、心的行為述語の補語に現れる「こと」に拡張することができることを示す*25。

個々の述語の分析に入る前に、心的行為述語を用いた文の有する特徴を2点挙げておく。

第1に、心的行為述語がスペース導入表現として働く点である。ゆえに、心的行為述語文には、常に設定される話し手の現実スペースおよび心的述語によって導入されるスペース（心的述語の主語のスペース）という複数の心的スペースが存在する。

第2に、心的行為述語の補部名詞句には「透明性（特定）」「不透明性（不特定）」という曖昧性が生じる。透明・不透明の曖昧性は、内包的文脈をなす動詞と関連して生じる。この現象はFauconnier (1985)によって複数の心的スペースにおける要素の在り方で説明された。次の（58）の「テーバイの女王」が話し手も知っている人物を指し示すと透明の読みになるが、話し手の知識とは関係なくオイディプスだけが知っている人物を指す場合は不透明の読みになる。

(58) Oedipus believes that the queen of Thebes is a spy.
　　　（オイディプスはテーバイの女王はスパイであると信じている。）

(Fauconnier 1985: 36)

(58)の文には複数のスペースが存在する。すなわち、常に存在する話し手の現実スペースRと、そのRのなかに「オイディプスは～と信じている」によって導入されたオイディプスのスペース（M）が設定されている。「テーバイの女王」は、話し手の現実スペースR内の要素を指し示すことも、オイディプスのスペース（M）内の要素を指し示すこともできる。R内の要素がM内の要素を同定するトリガーとなる場合は典型的な透明の読みに対応する。この場合のスペース構成と「テーバイの女王」のあり方は以下のようである。

(59)

x1：
テーバイ　　　　x1　　　　　　　　　x2　　　　x2：スパイ
の女王

　　　　R（話し手）　　　M ("Oedipus believes＿＿")

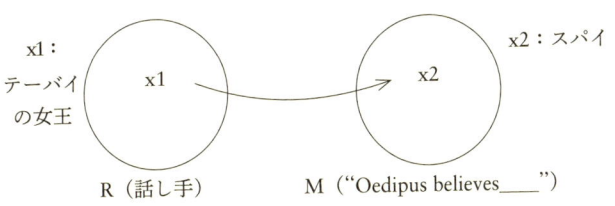

(Fauconnier 1985: 37)

一方、「テーバイの女王」がオイディプスの信念の一部の要素であり、R内の事情とは結び付きがない場合がある。「テーバイの女王」はR内にはそもそも存在しない要素であり、実際にはテーバイには女王がいない。または、オイディプスが間違えて女王と思っている誰かが存在することもある。これは典型的な不透明の読みに対応する。この場合のスペース構成と「テーバイの女王」のあり方は以下の図を参照されたい。

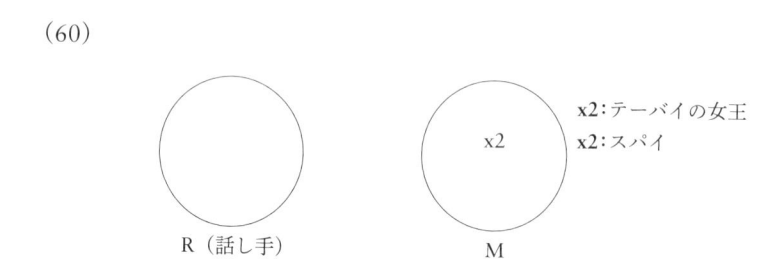

(60)

　　　　○　　　　　　○　　x2：テーバイの女王
　　　　　　　　　　　x2　　x2：スパイ

　　　　R（話し手）　　　M

(Fauconnier 1985: 37)

　このような透明・不透明の現象は、日本語においては、「こと」という表現形式と密接な関連をもつようである。以下で説明するように「こと」が付加されることで曖昧性は解消され、透明な解釈に限定されることになる。

　このような心的行為述語文の特性を踏まえつつ、以下では心的行為述語の補部に現れる「こと」の現象を説明していきたい。
まず、「〜は〜を〜と思っている」のような思い違いを述べる文に現れる「こと」に適用して検討する。次の (61a)(61b) はいずれも太郎の思い違いを述べた文である*26。

(61) a.　太郎は花子∅を洋子だと思っている。
　　 b.　太郎は花子のことを洋子だと思っている。

(61)の二文とも、基本的に話し手の現実スペースRが設定されており、そのなかに「太郎は〜と思っている」によって導入された太郎の信念スペースが設定されている。まず、(61a) から考えてみよう。(61a) の「花子」が太郎の信念のなかの要素であり、話し手の知識と関係ない人物である場合が考えられる*27。これをスペース構成で示すと以下のようになる。

(62)

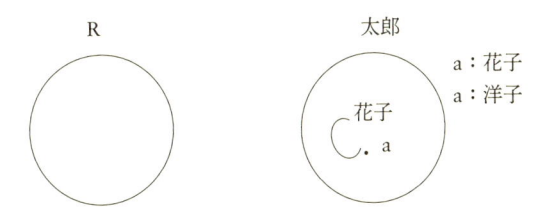

```
        R                    太郎
                                          a：花子
                                          a：洋子
       ◯                    ╭花子╮
                             │ ．a│
                             ╰────╯
```

　また、(61a) の解釈には、話し手のほうには話し手と聞き手の共有知識中に存在する「花子」が太郎の信念のなかの対応物である可能性もある。このことに対応するスペース構成と要素のあり方を示すと、以下の (63) のように図式化できる。

(63)

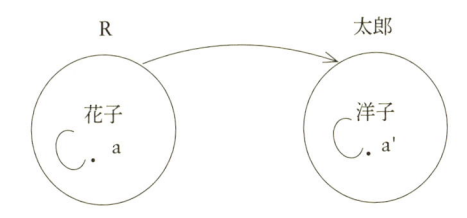

```
        R                    太郎
     ╭花子╮    ────→    ╭洋子╮
     │ ．a│              │ ．a'│
     ╰────╯              ╰────╯
```

　(61a) はいくつかの解釈が可能な曖昧文であるのに対し、「こと」を用いた (61b) の場合は、一つの意味のみを表す。(61b) は太郎が思い違いしている花子の指示対象は話し手と聞き手の共有知識空間内の要素であることを意味する。この解釈は (63) のスペース構成と一致する。この場合、共有知識空間での「花子」の指示対象がトリガーになり、太郎の信念における思い違いの対象「花子」が同定される。つまり、共有知識中の要素を明示する「こと」を使用することにより、「花子」が聞き手と共有されている要素だということを明確に示している。

　このような説明により、(61a) のような裸名詞のもつ曖昧性を回避する手段として、「こと」が使用されることが説明できる。

　同様の説明が次の (64) の「探す」のような述語にも適用できる。

(64) a.　山田さんはお嫁さん∅を探している。
　　 b.　山田さんはお嫁さんのことを探している。

(64a) は、未来の不特定の結婚相手とも現実の特定の妻とも解釈できる曖昧文であるが、(64b) は後者の解釈のみを受ける。

以下、(64)をスペース構成で説明する。まず、(64a)のスペース構成を図示すると、以下の(65)のように示すことができる。

(65)

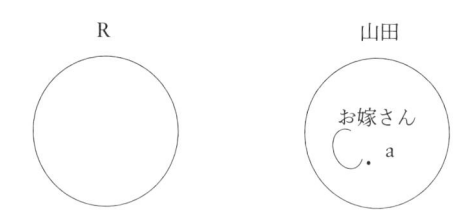

```
         R                    山田
      ⎛      ⎞            ⎛  お嫁さん  ⎞
      ⎜      ⎟            ⎜    ・a    ⎟
      ⎝      ⎠            ⎝          ⎠
```

(64a)には、常に話し手の現実スペースが設定されている。その上に、「(山田さんは)〜を探している」がスペース導入表現として働いて、山田さんの信念スペースが設定される。この場合、「お嫁さん」は山田さんの信念内部にのみ存在する要素であり、(64a)の文は山田さんの信念の一部を表現しているに過ぎない*28。

　また、(64a)の解釈には、話し手のほうには話し手と聞き手の共有知識に存在する「お嫁さん」が山田の信念のなかの対応物である解釈もある。このことに対応するスペース構成と要素のあり方を示すと、以下の(66)のように図式化できる。

(66)

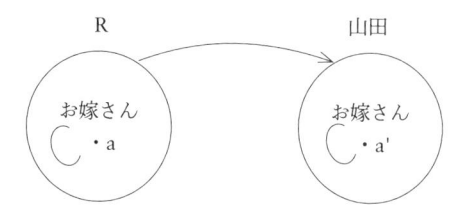

```
         R                    山田
      ⎛ お嫁さん ⎞           ⎛  お嫁さん  ⎞
      ⎜   ・a   ⎟───────→  ⎜    ・a'   ⎟
      ⎝         ⎠           ⎝          ⎠
```

　ここで、「こと」が使用された(64b)を考えてみよう。(64b)では、話し手が複数の知識空間を設定し、山田さんが探している対象が話し手と聞き手の共有知識空間における「お嫁さん」の指す対象と同一人物であることを示すために「こと」を使用していると考えられる。(64b)における話し手が想定する知識空間の構成は、上記の(66)の図式と同じである。(64b)では、「お嫁さん」は、話し手と聞き手が共有している知識空間の要素を指し示し、かつ山田さんの信念内の要素を同定する要素である。この際、「こと」は話し手と聞き手の共有知識空間における「お嫁さん」の指す対象を同定することを表現し

ている。

　「こと」が話し手と聞き手の共有知識のなかにある言語表現と対象を明示する機能をもっていると考えると、(64b)の解釈がなぜ特定の妻に限定されるのかが説明できる。内包述語*29 など、いわゆる「不透明な文脈」に現れる名詞句は、(64a)のように将来のお嫁さんにふさわしい属性をもつ名詞句として内包的に解釈され、現実世界に指示対象をもたなくてもかまわない。「こと」はこのような名詞句に付加されることで文脈を透明化し、名詞句の意味を共有知識のなかの要素に設定する。ゆえに、(64b)では、山田さんが探しているお嫁さんは、話し手と聞き手の共有知識のなかに存在する特定の妻となる。話し手による対象への「こと」の導入は、聞き手と共有している知識空間内の対象であるという共通認識を持たせる必要がある状況下で可能となる。

　また、通常、対象に個体を選択する感情述語の場合も、裸の名詞はその意味が曖昧になる。固有名詞は二つの解釈ができる。一つは、個体指示の用法をもつ場合であり、もう一つは属性としての用法をもつ場合である*30。たとえば、次の(67a)の「花子」は特定の個体指示の解釈も可能であり、「花子という名前をもっている人」という属性的な解釈もできる。

(67) a.　太郎は花子∅を愛している。
　　　b.　太郎は花子のことを愛している。

(67)をスペース構成と知識管理で考えてみよう。

　まず(67a)では、「太郎は〜を愛する」によって感情の持ち主である太郎の信念スペースが設定される。(67a)は花子が太郎の信念の内部に存在する要素であり、花子は太郎の現実スペースのなかの存在であっても、太郎の頭のなかでイメージされていることと、話し手が知っている要素であることの両方とも示し得る。(67a)における話し手が想定する知識空間の構成は、(68)(69)の図式のようになる。

(68)

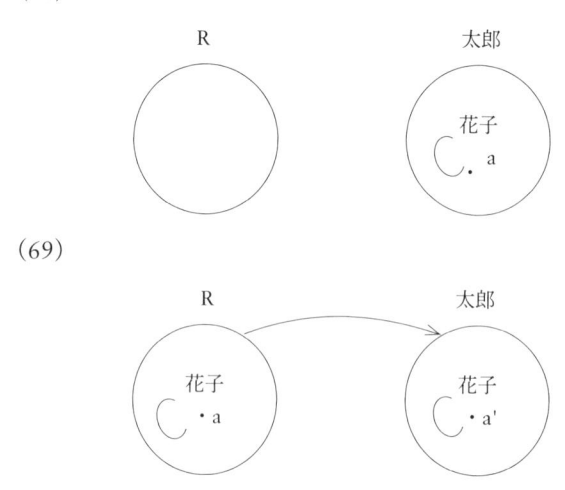

```
     R              太郎
    ○              ○ 花子
                    ⌒ ・a
```

(69)

```
     R         →    太郎
    ○ 花子         ○ 花子
     ⌒ ・a         ⌒ ・a'
```

これに対して、(67b)のように「こと」が付加される文では、太郎が愛している花子が話し手と聞き手の共有知識空間における花子の指す対象であることを示す。つまり(67a)における曖昧性は(67b)に示されているように「こと」が付加されることで解消される。「こと」は、太郎が愛している花子が話し手と聞き手の共有知識空間における「花子」の指す対象であることを示している。ゆえに、(67b)では、太郎が愛している花子は、話し手と聞き手の共有知識中に存在する特定の個体となる。(67b)における話し手が想定する知識空間の構成は、上記の(69)と同様である。

以上では、「思う」「探す」「愛する」のような述語自体が心的行為を表し、述語の主語の心的スペースを導入する場合について述べてきた。一方で心的行為を表さない述語でも心的態度を表す要素が加わられることによって、心的スペースを導入する場合がある。たとえば、「殴る」のような述語に「〜てやりたい」のような心的態度を表す表現が後続する場合である[*31]。

(70) a. 太郎を殴ってやりたい。
　　 b. 太郎のことを殴ってやりたい。

(70)では、「殴ってやりたい」によって話し手の架空の信念スペースが導入される。「殴ってやりたい」が裸名詞句をとる(70a)は二通りの解釈が可能である。一つは太郎が話し手の架空の信念スペース

112

にのみ存在する対象であり、話し手の信念のみを表す場合である。もう一つは話し手の架空の信念スペースにおける太郎が聞き手も同定できる人物であることを表す場合である。これらの解釈を図式で示すと以下の通りに示すことができる。

（71）

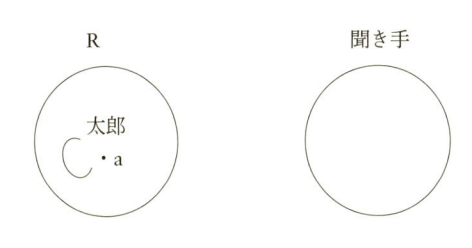

R　　　　　　聞き手

太郎
・a

（72）

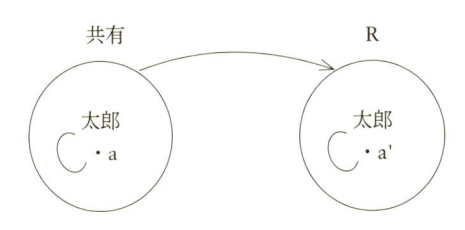

共有　　　　　　R

太郎　　　　　太郎
・a　　　　　　・a'

（70a）の表すスペース構成は（71）（72）の両方とも該当する。一方、共有知識をマークする「こと」を付けた（70b）は、（72）のようなスペース構成にのみ該当する。

以上で述べたことから「殴る」のように外延的述語でも、心的スペースを導入する要素が後続すれば、それが新しいスペースを導入する表現として働くので、談話には基本的に設定された話し手の現実スペースと新しいスペースが導入されることがわかる。つまり、述語の意味が直接心的行為を表すものではなくても、話し手の現実スペースに新たなスペースを導入する性質が備わっていれば新しいスペースが設定されるということである。

また、通常「こと」が義務的に要求される動詞のうち、文脈によっては付加が随意的になるように見える場合がある。たとえば、「考える」のような思考動詞は通常「こと」を義務的に要求する述語である。しかし、次の（73）に示されているように「こと」が随意的に現れるように見える場合がある。ここで「考える」は思考の意味ではなく、

「考慮する」のような意味を表している。

(73) a.　叔父は花子の配偶者として太郎∅を考えている。
　　 b.　叔父は花子の配偶者として太郎のことを考えている。

(73)の場合も本書で提示した共有知識のマーカーという捉え方で説明できる。述語「考える」が叔父の信念スペースを導入する。(73a)のように裸名詞句のみをとる場合は、「太郎」が叔父の信念スペースにのみ存在する人物なのか、話し手と聞き手も知っている人物なのか曖昧になる。(73b)のように「こと」を付けると後者の解釈に限定される。スペース構成は、以下の通りである。

(74)

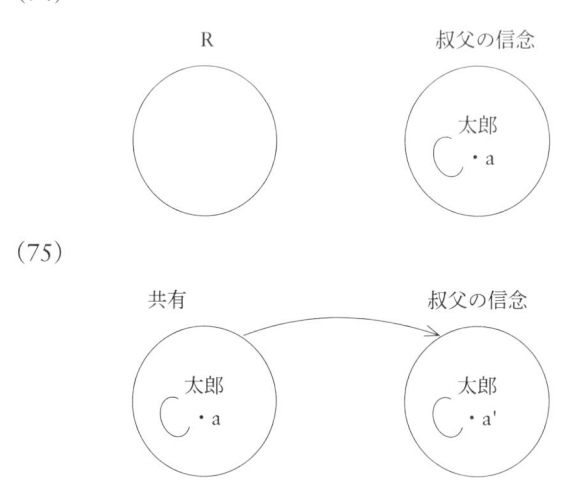

　　　　R　　　　　　　　叔父の信念
　　　　　　　　　　　　　　太郎
　　　　　　　　　　　　　　・a

(75)

　　　共有　　　　　　　　叔父の信念
　　　太郎　　　　　　　　太郎
　　　・a　　　　　　　　　・a'

　以上の分析を通して、心的行為述語および心的スペースを形成する述語を含む文においては、話者の現実スペースRと心的行為述語が導入するスペースの二つが基本的に設定されていて、心的行為述語の主語の信念スペース内部の対象のみを示す場合は「こと」を使用せず、話し手と聞き手の共有知識空間における対象を示すときには「こと」が使用されることがわかった。このことから、心的行為述語や心的スペースを形成する述語の補部の「こと」にも共有知識空間における対象を示すという談話機能の観点からの説明が適用できることが確かめられた。

　以上から、「こと」は心的行為を表す述語だけではなく、話し手の現実スペースのなかに異なる複数の心的スペースを導入する性質をも

つ文脈が形成されれば、使用され得る形式であると言える。

4.5　第4節のまとめ

これまでに、一見随意的に現れるように見える「こと」がなぜ使用されるのかを明らかにする目的で、「こと」がコピュラ文に現れる場合を中心として談話機能の観点から分析を行い、その結果を心的行為述語の補部に現れる「こと」に適用することで、随意的に見える「こと」に関わる諸現象を統一的な観点から捉えることができた。以上の分析から得られた「こと」の談話機能とは、談話に知識のあり方が異なる複数の知識空間が設定されたとき、話し手と聞き手の共有知識空間内での言語表現が指す対象を顕在化する働きのことである。

このような本書での「こと」の談話機能に関する考えは先行研究のなかでは笹栗・金城・田窪（1999）での「ID function」[32]という考え方に近い。ただし、「ID function」と本書で主張した共有知識を顕在化する「こと」の談話機能とは明確な相違が存在する。以下では、その相違点について述べておく。

「こと」の「ID function」とは、「「こと」が話し手の現実の要素と、心的行為述語によって導入される心的領域の要素を結ぶ」（笹栗・金城・田窪 1999：7）という機能のことである。具体例として笹栗・金城・田窪（1999）では以下のような例を挙げて説明されている。

再掲（11）太郎は花子のことを美子だと思っている。

(笹栗・金城・田窪 1999: 6)

この文には話し手の現実と話し手の現実内にある太郎の信念という二つの心的スペース領域がある。笹栗・金城・田窪（1999）では「こと」の使用はこのような二つの心的スペースがあって成り立つものであるとみなされた。このような二つのスペースがあるとき、「こと」は話し手の現実における対象を同定すると同時に、太郎の信念内にあるそのカウンターパートをも同定する役割だと考えられた。つまりこの場合「こと」を使用するのは、太郎の信念のなかで「美子である」という属性が話し手の現実の要素である花子の属性であることを表すためだとされている。（11）のスペース構成と要素間の関係を示した図式は以下の（76）の通りである。

(76)

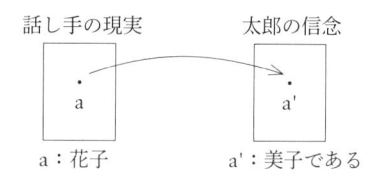

```
    話し手の現実           太郎の信念
   ┌─────────┐         ┌─────────┐
   │    ·    │────────▶│    ·    │
   │    a    │         │    a'   │
   └─────────┘         └─────────┘
     a：花子            a'：美子である
```

(笹栗・金城・田窪 1999: 6)

(76) に示されているように、話し手の現実における対象 a は、太郎の信念における対象 a' と同一人物を指し示している。つまり、「こと」は異なるスペースにおける同じ指示対象（カウンターパート）をつなぐ役割を果たすものとして用いられる形式として捉えられている。この「ID function」としての「こと」の機能を説明する際に、笹栗・金城・田窪（1999）では「属性」という概念を重要な手がかりとしている。(11) の例だと、太郎の信念のなかでの「美子である」という属性をもった人物は話し手の現実では「花子」の指す対象であることを表す。

　このような考え方と本書での考え方との大きく違う点は、談話における知識のあり方との関係である。笹栗・金城・田窪（1999）では、話し手と聞き手の知識のあり方が考慮されていないが、本書では知識のあり方を重要な手がかりとして採用した。本書における知識のあり方に関する観点は次の2点である。一つは、話題になっている要素に対して、談話参与者（主に話し手と聞き手）の間で知識の差が存在するかどうかという観点である。もう一つは知識の差から生じる情報のやり取りの混乱を解決するために、聞き手の知識のなかの、話し手と共有されている要素、すなわち共有知識を参照するというプロセスが介在することである。このような二つの知識に関するあり方が備わった談話が展開されるときに「こと」が使用される。つまり、談話のなかで知識のギャップが生じた際に、話し手と聞き手の共有知識内の要素を参照して、お互いに知っている要素であることを明示的に示すために「こと」が使用されると本書では考えている。このような考え方は、同一指示対象が話し手の現実と心的行為によって導入される心的領域（たとえば (11) で言えば、思い違いという心的行為によって共有される太郎の信念）に存在しているとき、単に同一要素をつなぐ

役割を果たすという笹栗・金城・田窪（1999）とは観点を異にしたものである。

　このような本書での考え方を通して、第1章で指摘した問題、すなわち「こと」が使用できる場合とできない場合の相違を明らかにすることができる。

　まず、本章の第1節で取り上げた（5）の文脈をもう一度取り上げ、「こと」が使用できる文脈について説明する。

　再掲（5）（授業が終わって学生たちがみんな教室を出ていって、先生だけが残っている。その時、一人の学生が戻ってきて先生に話しかけた。）

　　　　　学生：携帯を忘れてしまったのですが。
　　　（先生が学生に携帯を見せながら）

　　　　　先生：（あなたが忘れたというのは）$\begin{Bmatrix} これ\phi \\ これのこと \end{Bmatrix}$ですか。

（5）では、先生の現実スペースのなかには先生と学生が共有している現実スペースと、「携帯を忘れてしまったのですが」という学生の発話から導入された学生の知識空間が設定されている。この際、先生は学生の知識空間内で想定しているものを共有知識空間の「これ」に結び付けている。（5）に対応するスペース構成は（77）のように示すことができる。

（77）

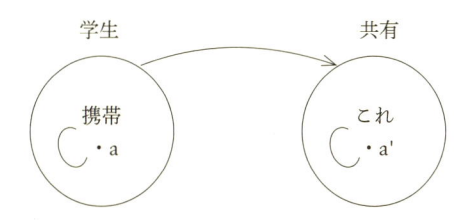

　　　　　学生　　　　　　　　共有

　　　　　携帯　　　　　　　　これ
　　　　　・a　　　　　　　　・a'

次に、もう一度、本章の第1節に提示した（6）の文脈を取り上げ、「こと」が使用できない文脈について説明する。

　再掲（6）（授業が終わって学生たちがみんな教室を出ていって、先生だけが残っている。その時、一人の学生が戻ってきて、何かを探している。その様子を見た先生が学生に声を掛ける。）

第4章　談話における「名詞句のこと」の機能　　117

先生：（あなたが探しているのは）$\left\{\begin{array}{l}これ\emptyset\\ *これのこと\end{array}\right\}$ですか。

（6）の文脈では、知識空間を導入する表現が使用されていないため、先生と学生が直面している現実スペース R という単一の知識空間しか存在しない。つまり、（6）の談話のなかには異なる知識空間が設定されていない。このような文脈では、異なる知識空間内の要素を結び付ける「こと」は現れない。このことを図式で示すと、（78）のようになる。話し手の現実スペース R 内で「落とした物」を「これ」と結び付けていることが示されている*33。

(78)

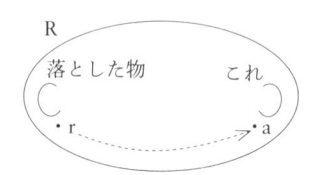

```
        R
  ┌─────────────┐
  │ 落とした物   これ │
  │   ⌒      ⌒  │
  │  ・r......→・a │
  └─────────────┘
```

以上のような分析から、典型的に「こと」が使用されるコピュラ文と使用されないコピュラ文の相違点をまとめると、次の通りである。

(79) 知識のあり方が異なる複数の知識空間が設定されたとき、共有知識空間に存在する対象を示すために「こと」が使用される。他方、複数の知識空間が想定されない場合は、「こと」が使用されない。

以上のような分析を通して、「こと」の談話機能は、知識のあり方が異なる談話において話し手の管理する知識の部分集合として設定された共有知識空間における対象を示すことであると考えられる。

田窪（1989）では知識管理の観点から「って（というの）」が非共有知識を示していることを指摘し、この点でこれが「名詞句のモダリティ」を表すものであると捉えた。このような捉え方にならえば、本書での「こと」も話し手と聞き手の共有知識を明示的に示す機能をもつという点で、「って（というの）」と同様に、「名詞句のモダリティ」の一種であると言うことができそうである。

ところで、「こと」を名詞句のモダリティ要素であるとする見方は、笹栗（1999）においてもすでに指摘されている。ただし、笹栗（1999）での考え方と本書での主張には異なる点が多いため、以下に

相違点を述べておく。

　笹栗（1999）は、「こと」はモダリティ要素が組み合わさった述語によって表出される感情と呼応するものとし、「こと」が話し手の心的態度を反映する名詞句のモダリティ要素であると提案した[*34]。次に笹栗（1999）の主張を引用しておく。

(80) 話し手が思考過程で属性を手がかりにしていること、また感情表出は属性まで含む個体を対象にするということが、「のコト」に反映されていると考える。つまり、話し手が対象を心的に捉える場合、その対象の捉え方を「のコト」という明示的な形式で言語化しているということである。このような形式を「動詞＋モダリティ要素」と呼応する、名詞句のモダリティ要素であると仮定する。

（笹栗 1999: 172）

笹栗（1999）では、このような主張と関連して次のような例を挙げている。「殴る」という動詞に話し手の心的態度を表すモダリティ要素「〜てやりたい」が後続する場合、述語が対象に「こと」のない裸の名詞をとる場合は単なる報告文であるとする。

(81) 花子を殴ってやりたい。　　　　　　　　（笹栗 1999: 171）

(81)のように裸の固有名詞「花子」をとる場合、誰を殴ってやりたいのかという問いに対する答えとして花子という個体を提示している。

　これに対して、「殴る」にモダリティ要素「〜てやりたい」が後続する述語が対象に「こと」をとると、感情表出の文になるとする。

(82) 花子のことを殴ってやりたい！[*35]

（笹栗 1999: 171）

(82)のように「こと」が付くと、花子という個体のみではなく属性までをも含む花子の存在を意味することになり、そのような意味合いは殴ってやりたいという感情表出と呼応するものだと述べている。このような笹栗（1999）の言う「こと」のモダリティは、益岡（1991）のモダリティの分類によれば「表現類型のモダリティ」のうち感情や意思を表現・伝達する「情意表出型」の表出レベルに属すると考えられる。

　しかし、本書で主張する「こと」が表すモダリティとは、心的行為

述語と呼応するものではなく、談話で話し手の管理する知識のあり方と関連している点で笹栗（1999）の見方とは大きく異なる。話し手と聞き手がともに同定できるものに付加されるという特徴をもつ「こと」は、知識や情報の伝達に当たって表現主体の主観性が言語化されたものであると考えられる。このような知識や情報に関する話し手と聞き手の関わり方に関連する言語形式には、すでに田窪（1989）によって指摘された「って（というの）」のような形式がある。このような形式に対して田窪（1989）では「名詞句のモダリティ」と規定した。知識や情報の伝達を巡る表現主体と聞き手の関わり方に対して「モダリティ」の概念で捉えられるという見方は、益岡（1991）においても見られる。益岡（1991）は、「モダリティ」という概念を「主観性の言語化されたものである」と捉え、広義の「モダリティ」を「判断し、表現する主体に直接関わる事柄を表す形式」（益岡 1991：30）と規定した。益岡（1991）では、「ほしい」や「思う」のような感情や思考の表現*36、当該の事態の利害性に関わる受動表現や「〜もらう」「〜くれる」*37、「〜くる」のような視点表現*38、知識や情報の伝達に関わる「よ」「ね」「ようだ」*39、「という」「って」*40などは表現主体の主観性の言語化されたものとみなした。

　以上をまとめると、日本語では、談話に名詞句を導入する際に、話し手と聞き手がどういう知識のあり方を有しているかを考慮した上で、「こと」や「って（というの）」のような形式をともなわなければならない。話し手がある要素を談話のなかに導入するとき、その要素に対して、聞き手が知識をもっていないと想定すれば「って（というの）」という言語形式を用いなければならない。他方、話し手がある要素を導入する際に聞き手の知識のなかにすでに組み込まれていると想定される要素であれば、「こと」という言語形式を使用する。いずれの形式も話し手と聞き手の知識のあり方を言語化したモダリティ形式である。ただし「って（というの）」は共有されていない知識を明示する形式であるが、「こと」は共有されている知識を明示する形式であるという点で相違がある。

5. 本章のまとめ

　第4章での考察を通して明らかになったことをまとめると、以下の通りである。
　第1に、コピュラ文の分析を通して、「こと」は談話のなかで話し手によって、ある言語表現に対する知識状態が異なる複数の知識空間が設定されたとき、共有知識空間内での言語表現が指す対象を顕在化する機能をもつことが明らかになった。
　第2に、コピュラ文において「こと」が典型的に使用される条件を明らかにした。すなわち、「こと」が典型的に使用されるコピュラ文では、話し手によって複数の知識空間が設定されるという特徴がある。そのような複数の知識空間が想定されず、単一空間しか想定されない場合は、「こと」が使用されない。
　第3に、語用論的機能に基づく説明は、心的行為述語の補部をはじめとして、スペースを導入する要因が混じっている文脈に現れる「こと」全般にも適用可能であり、コピュラ文の場合と併せて統一的な観点での説明が可能となった。
　第4に、「こと」は談話における知識管理に関わる表現形式であるという点で、一種のモダリティ要素であると言える。
　従来の研究においては、一見随意的に現れるように見える「こと」がなぜ使用されるのかという問題を巡って不明な点が多かった。以上のような本書の分析によって、文意に明確な変化を生じさせず、一見、何も働きがないように見える「こと」に対して、その機能を明らかにすることができた。

＊1　本章の分析はメンタルスペース理論や談話管理理論に基づいて行われたものである。さらに、Kim & Sakai（2013）では、Heim（1982）のファイル変化意味論（"File Change Semantics"）を採用した分析が試みられた。
＊2　むしろ、普通名詞として「すし」の集合や属性を表すと考えられる。この考え方の妥当性については、3.4で検討する。
＊3　コピュラ文の定義について、コピュラ文の分析がなされた西山（2003）から

引用しておく。

　　よく知られているように、文のなかには、単一の主語と述語からなるいわゆる単文もあれば、ある文のなかに別の文が埋め込まれている複文もある。単文のなかでも、これ以上単純な形式はないと思われる構文は、(i) のような文であろう。
　　　(i)　a. A は B だ。
　　　　　b. A が B だ。
　主語名詞句と述語名詞句を「繋辞」（コピュラ）と呼ばれる特殊な動詞「である」「だ」で結び付けたものであり、「コピュラ文」と呼ばれる。

(西山 2003: 119)

＊4　いわゆる「内包的述語」と呼ばれる「探す」「見つける」のような述語による行為は物理的に対象に直接触れるものではなく、心内での動きを表すものである。笹栗・金城・田窪（1999）ではこのような動詞の特徴を一種の心的行為を表すと捉えた。

＊5　「殴る」のような述語は物理的に対象に触れなければならないため、いわゆる「外延的述語」と呼ばれるものである。笹栗・金城・田窪（1999）では、このような「外延的述語」にある種のモダリティ要素（「〜てやりたい」）が後続する場合、述部全体が心的行為を表すため、心的行為と認めた。笹栗・金城・田窪（1999）では「殴る」のような「外延的述語」の場合は、本文の（12a）に示されているように「こと」が共起し難いが、本文の（12b）に示されているように「殴る」に「てやりたい」というモダリティ要素が加わることで「こと」が共起可能となるとみなした。

＊6　指示対象とは「指すもの」であるが、果たして何を指すかを説明するのは容易ではない。言語の指示理論（reference theory of meaning）では、ことばの意味とは、そのことばが指し示すものだと考えられている。たとえば、名詞の場合、指すものとして、「言語表現（名前）」「特定の個体（individual）」「不特定のもの」「一定の種類の個体の集合（種類 kind）」などとしている。(3) の「すし」の場合は、これらの概念のうち、どの場合に当てはまるかについては、3.4 で詳しく述べることにしたい。

＊7　(11) のように「名づけ」を行う文はコピュラ（である）を含まないが、コピュラ文と類似した意味機能を有する文として、本書ではコピュラ文の一種とみなす。あとで述べるが、笹栗・金城・田窪（1999）で「思い違いや名づけ」として分類された文も、このタイプに含まれる。

＊8　形式意味論の観点から、笹栗の一連の研究（笹栗 1996、笹栗・金城・田窪 1999、笹栗 1999）を発展させた Takubo（2007）、田窪（2010）では、個体を表さない名詞句、たとえば「誰」のような疑問句や「半分以上」のような量化詞句（quantifier phrase）に「こと」が後続する場合においても、「こと」が後続する名詞は指示的であると考えられた。つまり、Takubo（2007）、田窪（2010）では、LF（論理形式）における移動を仮定することで、疑問句や量化詞句に「こと」が付加される場合を個体名詞の場合と統一的に分析している。たとえば、次の例の「半分以上」のような量化詞は痕跡 t を残して量化上昇されると、その痕跡は個体指示名詞句になると仮定した。(i) の論理形式は、(ii) のようになるが、この LF では「こと」は個体を指示する名詞に付加されている。本書では、このような意

味論的分析の詳細には立ち入らない。
　(i)　ジョンは半分以上の生徒のことを落第にした。
　(ii)　［半分以上の生徒［ジョンは t ノコトを［PRO pro 落第にした］v］
　　　　　　　　　　　　　　　　　　　　　　　　（田窪 2010: 140）

＊9　西山（2003: 125）では、コピュラ文の下位分類のうち、「モーツァルトは天才だ」のような「措定文（predicational sentence）」の特徴を述べるなかで、属性が述べられる叙述名詞句の位置には、「この車」のような直示的な要素や「ぼく」「彼」のような人称代名詞、「自分」のような照応形、「三匹の子豚」など数量詞を含む表現は登場することができない点を取り上げ、これらの表現が本来的に指示的性質をもつことが述べられている。

＊10　Kurafuji（1998）では、「NP のこと」の意味を分析する際、形式意味論の観点から、名詞句をなしている個々の要素、すなわち「NP」「の」「こと」のそれぞれの意味の計算を行った。そのため、本書では、Kurafuji（1998）の議論を紹介する際には、「のこと」ではなく「こと」と記しておくことにする。「の」「こと」の意味計算式は、本文の（28）に示しておく。

＊11　Kurafuji（1998）から引用した例文（24）〜（26）における下線表示および例文の日本語表記化は本書の筆者による。

＊12　Kurafuji（1998）では、「こと」が定性（definiteness）のマーカーであると主張する論拠として、(i) Non-interaction with Other Operators：他の量化詞（否定）とスコープ関係をもたない、(ii) Anti-Partivity：部分解釈ができない、(iii) Counterfactual Contexts：反事実的コンテクストで定（definite）の解釈になる、という3点を挙げている。詳しくは Kurafuji（1998）を参照されたい。

＊13　イオタ演算子はある性質（属性）をもつ個体がただ一つだけ存在することを表示する演算子であり、いわば単数の定冠詞に対応するものである。イオタ演算子に関する説明は公平・野家（1979）などを参照されたい。

＊14　定義文については西山（2003）に言及がある。西山（2003）では、日本語のコピュラ文「A は B だ」の下位分類を行うなかで、定義文は「A は B だ」の形以外に「A は B のことである」「A は B のことをいう」の形式で現れることが多いとされている。

＊15　ただし、Takubo（2007）、田窪（2010）では随意的な「こと」はすべて意味論的に空なもの（semantically vacuous）だとしているが、Kurafuji（1998）では指示的名詞句や量化された名詞句に付加される「こと」に限って、名詞句に対して意味論的な貢献をしないと述べられている点で両研究には多少相違が見られる。

＊16　知識管理理論に基盤をおく考え方として stalneker（1978）の共有基盤（Common Ground）や Heim（1982）のファイル変化意味論（File Change Semantics）が知られている。前者は、話者は共有基盤に基づいて信念（前提）をもち会話を構築していくという考え方である。後者は、談話の要素毎に設けられたカードのファイルに情報を書き込みながらファイル更新プロセスを経て談話をアップデートしていくという考え方である。本書のもとになった金（2011）の執筆の際には、様々な会話例の経験的観察を通して知識状態が異なる心的スペースが設定されている談話中で「こと」が用いられるという前提を基に、その事実を検証するためにメンタル・スペース理論と知識管理の考え方が言語使用の直感を

説明するにもっとも適切だ考えられたため、両理論を中心に分析を行った。異なる理論的枠組みを用いた研究としては、第4章の問題について、Heim（1982）の考え方を援用し分析した Kim & Sakai（2013）も参照されたい。

*17　スペース導入表現とは、起点スペース以外に新しいスペースを設定したり、談話においてすでに導入されているスペースに言及したりする表現である。前置詞句（レンの絵のなかでは）、副詞（本当は、多分）、命題結合子（もし A ならば＿＿＿）、主語と動詞の結合（マックスは＿＿＿と信じている）などがある。詳しくは Fauconnier（1985: 22）を参照されたい。

*18　文法的に起点スペースが明示されている場合は次のような場合である。マックスの信念のスペースが起点スペースとなり、レンの絵のスペースはマックスの信念スペースに統語的に包含されている。

　　（i）　<u>Max believe</u> that <u>in Len's picture</u>, the flowers are yellow.
　　　　　　　　　　　　　　　　　　　　　　　　　　　　　　　　（Fauconnier 1985: 23）

*19　「同定（ID）原則」はメンタル・スペース理論の主要な構成要素の一つである。その定義は以下のような内容をもつ。

　　もし二つの対象（最も一般的な意味）a と b とが語用論的関数 F（b=F (a)）によって結合されているならば、a の記述 d_a を用いて a の対応物 b を同定できる。
　　　　　　　　　　　　　　　　　　　　　　　　　　　　　　　　（Fauconnier 1985: 5）

*20　Fauconnier（1985）によるコピュラ文の三つの用法は、第1は換喩的なもの（「私はウナギだ」のようないわゆるウナギ文が当たる）、第2の用法はスペース間用法（具体例は本文のなかで取り上げる）、第3の用法は役割への値の割り当てを表すもの（Max is my brother のような通常、所属を表す用法が該当する）である。

*21　この文が映画スペース内部の関係を表現していると解釈される恐れもあるが、もしそれなら、同定（ID）原則に適用され、クレオパトラは a' を直接同定し、エリザベス・テーラーは a を指しその対応物 a' を同定するため、「a' は a' だ」になる。つまり、「クレオパトラはクレオパトラだ」というトートロジーになってしまい不適切である。

*22　田窪（1989）では、文を単位としした場合、モダリティ要素を含まない裸の形で使用した文とモダリティ要素を含んだ文とで話し手の信念体系への知識のあり方が異なることを示すと述べた上で、それと同じ区別が名詞句にもあると指摘されている。話し手が談話を始める前から信念としてもっている知識内容や直接体験によって得た知識内容を表す場合は、次のような裸の文を使う例を挙げている。

　　（i）　彼は変な奴だ。　　　　　　　　　　　　　　　　　　　（田窪 1989: 211）

一方、間接的な経験によって得られた知識を表し、なんらかの形でまだ信念体系に組み込まれていない知識内容を表す場合は、モダリティ要素を使う例を挙げている。

　　（ii）　彼は変な奴らしい、ようだ、はずだ、だろう。　　　　　（田窪 1989: 211）

*23　値（指示対象）がない要素の定義的導入をメタ指示（用法）という。

*24　ただし、共有知識空間の内部を厳密に示そうとすれば、「すし」が指す対象が存在することと、チョバップという表現が指す対象が存在しないことを示すこともできる。この際、「チョバップ」の示し方は田窪（1989）にならうとするな

ら、「チョバップ」は値がないため、空集合（ø）で示し、「チョバップ」がメタ用法で使われていることは「　」で示される。

*25　すでに 3.4 で述べたように、Kurafuji（1998）および Takubo（2007）において、心的行為述語の補部に現れる「こと」を対象として得られた意味論的捉え方だけでは、コピュラ文の「こと」の場合が説明できない。

*26　このタイプの文は、笹栗・金城・田窪（1999）で「思い違い・名づけ」として分類されたものであり、統語的には ECM 構文（Exceptional Case-marking Construction）と呼ばれるものである。(61) は「花子が洋子だ」のようなコピュラ文を「思う」の補文として埋め込めると、補文内の「花子」を「思う」の目的語位置に繰り上げられて得られる。つまり、(61) のような構文に関しても、従属節に焦点を当てれば、2.2 のコピュラ文の下位分類、[1] 未知の言語表現をその指示対象に結び付ける場合のうち、〈先に言語表現を出して指示対象と結び付けるタイプ〉と同様なタイプとみなすことができる。したがって、本書では、(61) のような構文はコピュラ文の一種として扱うことにする。

*27　さらにもう一つの解釈も考えられる。話し手のほうにも「花子」が存在しているが、太郎の信念のなかの「花子」と違った属性をもったものが存在している可能性（それを太郎が勘違いしている場合）もある。この場合は、話し手の信念のなかでは花子が指す対象 a が、太郎の信念スペースでは「洋子」となっている。これは次のように表すことができる。

　　　話し手のスペース（R）：花子＝a
　　　太郎のスペース（太郎）：洋子＝a
　　　F（花子（R）＝洋子（太郎））

*28　さらにもう一つの意味も考えられる。相手の知識空間の状態には対応物が存在していないか、あるいは山田さんが思っているお嫁さんとは違った属性をもつお嫁さんである可能性もある。

*29　内包述語には「探す」以外にも「待つ」のような述語も挙げられる。「待つ」は現時点で実現されていない事態を想定しているので、一種の内包述語であるとも考えられる。そのため、「待つ」の補部に現れる「こと」も共有知識のマーカーという捉え方で説明できる。「待つ」のような述語が「こと」と自然に共起可能であることは、日高（2006）によって実施された「こと」の許容度を調べるアンケート調査の結果からもわかる。日高（2006）によれば、アンケート調査結果、「待つ」は「こと」を用いた場合「自然である」とする回答率が 69.8% であるとされる。使用された例文を以下に示しておく。

　　(i)　a. 花子は駅のホームで太郎のことを待った。
　　　　 b. 花子は駅のホームで次の電車のことを待った。　　　（日高 2006: 93）

*30　ここでの固有名詞の個体指示と属性の用法は、西山（2003）で述べられている固有名詞の「指示的用法」と「非指示的用法」と類似している。

　　(i)　山田洋子が入院した。　　　　　　　　　　　　　　　（西山 2003: 62）
　　(ii)　甲：あそこで顔を真っ赤にして話している人がいるでしょう。あの人は何
　　　　　　という名前の方ですか。
　　　　　乙：ああ、あの人は山田太郎です。　　　　　　　　　（西山 2003: 62）

西山（2003）では、(i) の「山田太郎」は世界のなかの対象（個体）を指す指示的名詞句とし、(ii) の「山田太郎」は個体を指しているのではなく「山田太郎」

という名前の持ち主を意味するため、非指示的名詞句とする。また、ここでいう固有名詞の属性的用法とは異なるが、Kurafuji（1998）では、固有名詞の普通名詞的用法について言及されている。たとえば、ジョンが何度もメアリーという名前をもった女性と付き合っていることを知っているジョンの友達が、「ジョンはメアリーが好きだ」と発言したとすれば、「メアリー」という固有名詞は個体を指すのではなく、「メアリーという名前をもった女性の集合」を表し、普通名詞と似たような用法をもつと指摘された。詳細は Kurafuji（1998: 175-176）を参照されたい。

*31　笹栗・金城・田窪（1999）では、対象に対する物理的な動きをともなう外延的述語である「殴る」は「〜てやりたい」のような心的態度を表すモダリティが後続した場合に限って、その述部全体が心的行為述語を表すとみなし、心的行為述語の一種だとみなした。笹栗・金城・田窪（1999）での心的行為述語の下位分類は本章の 2.1 を参照されたい。

*32　「ID function」に関してはすでに本章の 3.1 で（20）（21）の説明の際にも紹介した。

*33　（78）の図のなかで r は「役割」を示すものである。「役割」とは、名詞が指し示す対象が時空間や文脈などによって指示物が可変的であることを表す概念である。たとえば、「大統領」の役割は、国や時代によって指す人物が複数考えられる。すなわち、「役割」という概念は名詞句の指し示すものが変項としての指示物をもつこととして捉えるものである。詳細は Fauconnier（1985: 51-64）を参照されたい。

*34　笹栗（1999）では、「こと」は動詞そのものではなく、「動詞＋モダリティ要素」によって選択されるとみなした。この際、モダリティ要素とは話し手の心的態度を表す「んだ」「〜てやりたい」や視点を表す「くれる」のような場合もあれば、音形を持たない場合もあるとする。

*35　笹栗（1999）では、話し手の心的態度を表すモダリティ要素「やりたい」が「殴る」に後続する場合は「こと」が選択されるが、「花子を殴った」という事実を表す場合は、「こと」は選択されないとする。

　（i）a.　花子を殴った。
　　　b.?*　花子のことを殴った。　　　　　　　　　　　（笹栗 1999: 164）

*36　感情や思考は人の内面に存するものであるため、基本的には主観的な事柄として表現される。平叙文においては 1 人称にしか使われない（益岡 1991：30）。

　（i）a.　（私は）休暇がほしい。
　　　b.*　弟は休暇がほしい。
　（ii）a.　（私は）これでよいと思う。
　　　b.*　妻はこれでよいと思う。

*37　当該の事態の被害性は受動表現によって、受益性は「〜もらう」「〜くれる」によって表される。益岡（1991）では次のような例を挙げている。

　（i）　　私は満員電車の中で足を踏まれた。
　（ii）　　私は先生に絵をほめてもらった。　　　　　　　　（益岡 1991: 31）

*38　益岡（1991）では、判断主体に向けられた動作は「〜くる」のような形式を用いる傾向が強いとし、次のような例を挙げている。

　（i）　　郷里から野菜を送ってきた。

（ii）？　郷里から野菜を送った。　　　　　　　　　　（益岡 1991: 30）
*39　天候に関する情報を伝達する際に、話し手は聞き手が知らないと考えられる場合と知っていると考えられる場合に、それぞれ違う表現を用いる。(i) は話し手の縄張りに専属していることを示す表現であり、(ii) は話し手の縄張りに専属していないことを示す表現である。
　（i）　こちらは暖かいです。
　（ii）　きょうは暖かいですね。　　　　　　　　　　　（益岡 1991: 32）
同様に自分の縄張りに属している事柄は次の (iii) のような「よ」で表現し、話し手の縄張りの外にある事柄は「ようだ」で表現する。
　（iii）神戸の地価は、最近どんどん上がっているよ。
　（iv）神戸の地価は、最近どんどん上がっているようだね。　（益岡 1991: 32）
*40　ただし、「って（というの）」に関しては、談話管理理論に基づく田窪の一連の議論を引用して説明している。談話管理理論をもとにした議論としては、田窪・金水（1996）、田窪（1989、1990）のほかにも多数の論文がある。

第5章
「こと」の意味の拡張と派生

　本書では、名詞句に後続する「こと」に関して、意味論および語用論の観点からの考察を加えてきた。すなわち、「名詞句のこと」が「論理的な意味内容（文が表現する命題の真偽判断に直接関わるもの）」と「語用論的な談話機能（談話を適切に構成するために関わるもの）」の二つの側面から使い分けられている表現形式であることに注目して分析を行った。本章では、第2章から第4章までの分析を総合的にまとめた上で、文中の異なる「こと」間の意味上の連続や派生関係について述べることにする。

　名詞句に後続する「こと」の現れ方を大別すると、付加が義務的な場合と一見付加が随意的に見える場合とがある。「こと」が義務的に要求されるということは、名詞句の意味の一部が「こと」によって補充されていることを意味する。そこで本書では、義務的な「こと」に関しては意味論的観点からの接近を試みた。具体的には本書の第2章と第3章で行った分析がそれに当たる。一方、付加が随意的であるということは、「こと」の有無が名詞句の意味や文の文法的な成立に直接関わっていないことを意味する。したがってこの場合、意味論的分析では不十分であり、発話状況などを考慮した談話のなかでの働きを分析する語用論的観点からの接近が要求される。この点に関する具体的な分析は本書の第4章で行った。本書で分析した「こと」の「意味内容」と「談話機能」をまとめると、以下の2点に集約される。

(1)「名詞句のこと」の意味内容

　　文の補部に現れる「名詞句のこと」が表す意味は、名詞句に関連するさまざまな命題の集合から、文脈によって規定される特定の命題が選び出されることによって与えられる。選び出された命題は、第一義的には、補文標識「こと」によって導かれる「こと」節に相当する。しかし、「こと」節に限定されることなく、補文標識「か（ど

うか)」や「ように」によって導かれる「か(どうか)」節や「ように」節とも対応する。具体的には、「名詞句のこと」が「こと」節に対応する場合は「断定のモダリティを含む命題」を表し、「か(どうか)」節と対応する場合は「疑問のモダリティを含む命題」を表している。また、「ように」節に対応する場合は「願望のモダリティを含む命題」を表す。ただし、モダリティに相当する意味は、「名詞句のこと」に内在するものではなく、「名詞句のこと」自体はモダリティに関して中立であるため、それを補部としてとる述語の要求する意味に応じて具体化されたものであると言える。

(2)「名詞句のこと」の談話機能

「こと」は、談話のなかに話し手と聞き手の知識のあり方が異なる要素が導入されたとき、すなわち、複数の知識空間が設定されたとき、話し手と聞き手が保有している共有知識を顕在化する働きをもつ。心的行為述語とともに使用される場合、述語の役割は話し手の現実における空間のなかに新たな心的スペース(知識空間)を導入することであり、「こと」はそれを承けて、共有知識を表示する役割を果たすために必要に応じて加えられる。

(1)から、「名詞句のこと」の意味内容は同じ「こと」を含む「こと」節より広い意味範囲にまで及んでいることが明らかになったと言える。また(2)から、「こと」が話し手と聞き手間の情報のやり取りを主な目的とする談話において、お互いに共有している知識を特定する働きを果たす形式であることが明らかになった。

本書の分析における二つの大きな柱である「こと」の意味論的観点から捉えられた「意味内容」と語用論的観点から捉えられた「談話機能」に関して、以下では、改めてより具体的に整理しておきたい。

1. 意味内容

「名詞句のこと」の意味がどこまで及んでいるのか、補文の意味とはどのようにつながっているのか、「こと」節の意味とどのような点で重なり合っていてどのような面で重なり合っていないのか、ということを順に追ってまとめておく。

1.1 補文との対応関係からみた「名詞句のこと」の意味

まず本書の第2章では、上記（1）に示した「名詞句のこと」の三つの側面が具体的にどのような意味論的な相違を表しているのかを解明するために、「モダリティ」の観点を取り入れた分析を試みた。まず、それぞれの補文の統語構造は下記の通りである。

(3) [[文] 補文標識（こと／か（どうか）／ように）]

文の統語構造になぞらえ、その意味構造を次のように捉えた。

(4) [[命題] モダリティ]

そうすることによって、補文を導く「こと」「か（どうか）」「ように」の有するモダリティ性を明確に分析することができた。そして、三つの補文と対応する「名詞句のこと」は [[命題] モダリティ] の面では中立であるという結論を引き出した。結果をまとめると以下の通りである。

(5) 三つの補文のモダリティ

「こと」節には事態（命題）の捉え手の事態の真偽に対する「断定判断」、「か（どうか）」節には事態に対する「疑問（不確定）判断」、そして「ように」節には事態に対する「願望（望ましさ）」、という捉え手による認定のあり方がそれぞれ含まれている。従属節における「命題」と「モダリティ」の関係を図示すれば次の通りである。（以下の図式は第2章の（55））

再掲（55）従属節における意味的構造

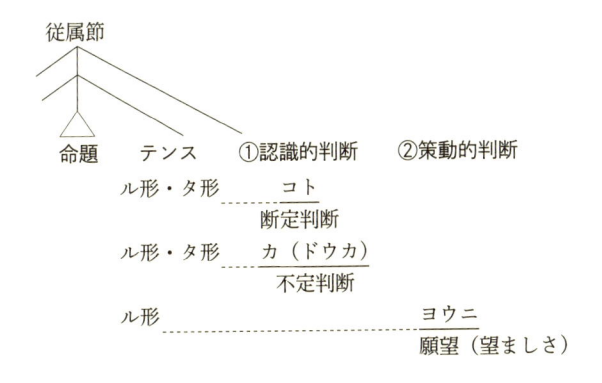

```
                従属節
              /   |   \
           命題  テンス   ①認識的判断    ②策動的判断
                ル形・タ形 ───  コト
                            断定判断
                ル形・タ形 ───  カ（ドウカ）
                            不定判断
                ル形     ────────────── ヨウニ
                                        願望（望ましさ）
```

(6)「名詞句のこと」のモダリティ

　3タイプの従属節と同等な意味で置き換えられる「名詞句のこと」は［［命題］モダリティ］の意味構造に関して中立的である。「名詞句のこと」という表現自体では、補文と異なり［［命題］モダリティ］という意味構造を表し分けることができない。なぜなら、補文の場合、当該の事態への「断定」か「疑問（不確定）」か「願望（望ましさ）」かを表すために補文の独自の形式が定まっているのに対し、「名詞句のこと」の場合、その表現自体から事態に該当する部分すなわち「命題」を導き出すことが不可能であり、かつ補文で表し分けられるような3種類の判断も示すこともできない。つまり、補文の場合は埋め込み文を導くそれぞれの特定の補文標識が定まっており、それによって当該の補文特有の意味を形成している。これに対して、「名詞句のこと」の場合はむしろ、文脈から命題内容が決定されると同時に述語の意味的制約と連動してモダリティ性が決定される。この点で、「名詞句のこと」は補文のように一つの意味に限定されたものではなく中立的な表現形式であると言える。このように中立的という観点に立つことによって、「名詞句のこと」という表現形式が三つの補文の表す意味にそれぞれ対応していることを説明することができた。

　上記のまとめ（1）と（5）（6）で述べたように、「名詞句のこと」の意味範囲は「こと」節より広い範囲に及んでいる。つまり「こと」節は事態への「断定判断」のみを表すが、「名詞句のこと」は「か（どうか）」節や「ように」節の表す「不確定判断」や「願望（望ましさ）」という意味領域まで含む表現である。

1.2 「こと」節との対応関係からみた 「名詞句のこと」の意味

　上で述べたのは、「名詞句のこと」が「こと」節より広い範囲で使用できる場合であった。一方、「こと」節の方が「名詞句のこと」より使用範囲が広い場合も見られた。そこで本書の第3章では、「こと」節と「名詞句のこと」との対応関係にも注目し、両者の表す意味

の類似点と相違点に関する詳細な比較分析を行った。考察の結果は以下の（7）の通りである。

(7)「こと」節と「名詞句のこと」の意味
　①「こと」節に含まれている広義の「命題」には、本書において「事態（event）」と「事実（fact）」と呼んで区別した二つの側面があることを明らかにした。すなわち、認識主体が関与しない出来事そのものである「事態」と事態が発話の段階ではすでに認定済みのものとして扱われた「事実」という側面である。なお、この二つの側面を区分する術語自体は従来の研究のものと重複するが、本書では異なる内容を指す概念として定義されている。また、「こと」節に「事態」と「事実」の二つの側面があることは、内容節の主名詞である「こと」と「事実」「事件」のような「コト名詞」との置き換えの可否や「こと」節の内部へモダリティを表す「という」を挿入することの可否からも支持された。すなわち、「事実」を表す場合は「コト名詞」との置き換えも「という」の挿入も可能であるが、「事態」を表す場合はいずれも不可能である。
　②このように「こと」節の表す意味を「事態」と「事実」に細分化することで、「こと」節と「名詞句のこと」の表す意味の相違が明らかになった。すなわち、「こと」節は「事態」と「事実」の両方を表すものであるが、「名詞句のこと」の意味は、「事実」のみに限られている。この点では「こと」節のほうが「名詞句のこと」よりも広い意味範囲を表していると言える。

1.3 「名詞句のこと」と「こと」節の意味領域

以上で述べた名詞句に義務的に付加される「こと」に関する意味論的分析の結果を総合すると、「名詞句のこと」と「こと」節のそれぞれの意味範囲が明らかになり、「名詞句のこと」と「こと」節はそれぞれ独自の意味領域を持ちつつも、それぞれの領域は一部で重なり合っていることが判明した。つまり、「断定のモダリティを含む命題」もしくは「事実」を表す場合は両者が自由に交替するが、「名詞句のこと」が「疑問のモダリティを含む命題」「願望のモダリティを含む

命題」を表す場合は「こと」節とは交替しないこと、そして「こと」節が「事態」を表す場合は「名詞句のこと」とは交替しない。「名詞句のこと」と「こと」の意味領域における共有された部分と独自の部分を図式で示すと、以下の通りである。

(8)

「こと」節／「名詞句のこと」
事態（event）／事実（fact、断定のモダリティを含む命題）／疑問のモダリティを含む命題／願望のモダリティを含む命題

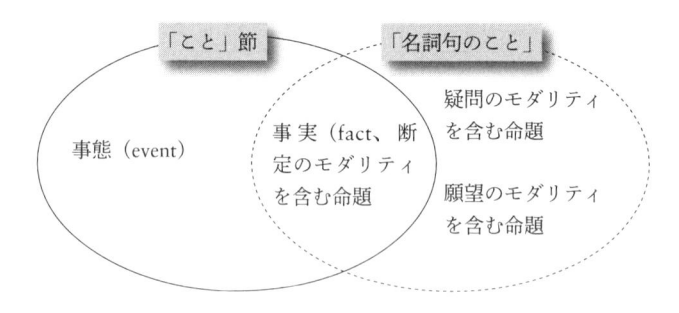

2. 談話機能

2.1 「こと」の談話機能

　一方、本書のもう一つの重要な論点は、すでに上記のまとめ(2)で示した「こと」の談話のなかでの機能に関するものである。「こと」が随意的に現れるように見える構文は大きくは心的行為述語の補部に現れるものとコピュラ文の要素となるものに分けられる。本書の第4章ではそのうちまず、「こと」の談話的機能がより明確に把握できるコピュラ文の場合を取り上げた。このコピュラ文における「こと」には、話し手と聞き手の知識のあり方が異なる談話において現れるという特徴が見られた。そして、本書では話し手が設定した複数の知識空間のうち、話し手と聞き手の共有知識内での言語表現が指す対象を明示することこそ「こと」が担っている談話機能であると論じた。さらに、このような語用論的観点に基づく「こと」の機能は、心的行為述語の補部に現れる「こと」だけではなく、話し手の現実スペースのなかに知識のあり方が異なる複数の心的スペース（知識空間）が設定される文脈に現れる「こと」にも観察された。

　第4章での知識管理に基づく分析の結果、意味論的には文意に明確な変化を生じさせず、一見何の働きもしていないように見える「こ

と」に対して、その談話的機能が明らかになり、「こと」が一見随意的に現れる場合を統一的な観点から説明することが可能となった。

2.2 「こと」について新たにわかったこと

本節では、本書の主張と従来の研究との相違について述べる。

従来の「こと」に関する研究は、主に心的行為述語の補部に現れる場合を考察対象としてきたのに対し、本書では「こと」の付加が一見随意的に見える場合全体を対象にして統一的な観点から考察を試みた。心的行為述語以外の述語の補部に現れる場合に関しては、笹栗らの一連の研究（笹栗 1996、笹栗 1999、笹栗・金城・田窪 1999）で多少言及されてはいるものの、そこでは意味論的観点からの説明にとどまっていた。また、コピュラ文に現れる「こと」に関しては、従来の研究ではほとんど分析がなされてこなかった。

また従来の研究では、随意的に付加されるように見える「こと」は心的行為述語の補部に現れるとされてきたが、本書の知識管理という考え方を出発点とした分析から、知識のあり方の異なる複数の心的スペース（知識空間）が設定される文脈であれば「こと」が使用されることがわかった。このような「こと」の使用制限から「こと」は知識の伝達に関わりをもつ表現形式であることが示唆された。つまり、談話のなかで、ある要素（名詞句）に関して談話参与者（話し手と聞き手）間に知識のずれが生じた場合、お互いが共通に保有している知識に言及することで、知識の差を解消することができる。知識の差を解消しなければならない文脈が形成されれば、日本語では「こと」が使用される。このような見方に立つと、「こと」は共有知識を顕在化するマーカーであるという点で、単に随意的な要素ではないと言える。

以上のような本書の分析によって、「こと」の意味論的観点から捉えられた「意味内容」と語用論的観点から捉えられた「談話機能」をともに説明することが可能になった。

最後に、ここでもう一つ重要な疑問がある。本書で述べたような「こと」の意味と機能は、実質名詞「こと」とどのような繋がりをもっているのであろうか。この疑問に関して、次の第3節で述べることにする。

3. 異なる「こと」間の関係

「こと」の実質名詞としての用法とは単独形式として用いられ、次のような「事件」や「事態」を表す場合である。

(9) 事が起こってからは遅すぎる。

(10) 事の起こり方はこうだ。

Takubo (2007) や田窪 (2010) においても「こと」が独立して用いられた場合、物事 (thing)、出来事 (event)、「事実 (fact)」、命題 (proposition) を意味すると述べられている。この実質名詞としての「こと」の意味は、補文を導く「こと」節や名詞句とともに用いられる「こと」、そして文末表現における「こと」の意味や働きとどのような関係でつながっているのであろうか。

従来の研究では、異なる「こと」間の比較はほとんど行われてこなかった*1。そのため、異なる「こと」間において「こと」の意味の連続性が確認できるものと、連続性が見られず独立した意味として記述すべきものという区分に関する議論や、独立した意味と派生した意味の境界に関する議論は、ほとんど見られない*2。

本書は名詞句に後続する「こと」に焦点を絞り、必要に応じて文に後続し補文を導く場合との比較を行ったが、文に後続する「こと」には、補文を導く場合の他に文末に現れる場合もある。たとえば、次の (11) のように文末でコピュラ「だ」と結合したモダリティ表現や (12)(13) のような終助詞的用法がそれである。

(11) 学生はまじめに勉強することだ。

(12) 必ず明日までにレポートを出すこと。

(13) お母さんのケーキのおいしいこと。

「こと」の終助詞的用法に関しては本書の第2章で「こと」節との比較検討を行った際に簡潔に述べておいたが、「こと」の意味の連続性を述べるには助動詞と組み合わされた「ことだ」を含めたさらなる考察が必要である。これらの「こと」がどのような働きをするかに関する詳細な議論は今後の課題として残したい。ただ最後に、今後「こと」全般の意味を視野に入れてさらに考察を重ねていくことを見据えて、本書の各章における考察結果を総合し、現時点での見通しを述べ

ておきたい。以下の内容は、まだ十分な考察の結果ではないが、本書を通して見えてきた可能性の一つとして述べておく。

　まず、本書で主に扱った「名詞句のこと」および「こと」節、そして、実質名詞としての「こと」に文末形式としての「こと」を加えて、その意味内容を表にすれば、以下のように表すことができる。

(14) 異なる「こと」の意味

意味	実質名詞「こと」	「こと」節	名詞句のこと	文末の「こと」
事実（fact）	○	○	○	
事態（event）		○		
断定のモダリティを加えた命題		○	○	○
疑問のモダリティを加えた命題			○	
願望のモダリティを加えた命題			○	○
属性			○	

そして、語用論的観点からこれらの要素の機能をまとめると、次の表の通りである。

(15)「こと」の語用論的機能

機能	実質名詞「こと」	「こと」節	名詞句のこと	文末の「こと」
知識管理機能（共有知識の標識）		○		
遂行的機能（命令）				○
遂行的機能（感嘆）				○

上記の表 (14) (15) に示したことを以下に説明しておく。「事実」を表す「こと」の実質名詞の用法はまず「こと」節にもつながり、「こと」節はさらに「事態」の意味をも有している。表のなかには示

第5章 「こと」の意味の拡張と派生　137

されてはいないが、「こと」節の表す「事実」は当該事態がすでに認定ずみのものとして判断されたことを表すという点で真偽判断のモダリティを含むものである。このような真偽判断が付与されていない事態そのもののみに言及する場合は「事態」の用法になる。

　一方、「名詞句のこと」は「こと」節の二つの用法のうち、「断定のモダリティを加えた命題」、すなわち「事実」のみを表すことができる。さらに「名詞句のこと」は「事実」のような意味論的対象を表すのみならず、「疑問のモダリティを加えた命題」や「願望のモダリティを加えた命題」をも表す。さらに、談話における話し手と聞き手の共有知識をマークする「談話機能」までを有している。このように、それ自体が何らかの出来事を表すのみならず、それが付加された名詞句に関連する出来事の意味を加えたり、話し手と聞き手の知識状態を明示したりする機能をもっている点で「名詞句のこと」における「こと」は「こと」節の「こと」とは異なる。

　最後に、文末に現れる「こと」の語用論的機能について述べておきたい。これらの「こと」は、命令や感嘆といった遂行的機能を担っている。これらの語用論的機能には、「こと」節の意味内容との間に、密接な関わりが認められる。すなわち、命令を表す「こと」の機能は、未来に起きる事態の成立に関して断定的に言い切ることによって生じていると考えられ、従属節の「こと」のもつ断定のモダリティとの連続性が見受けられる。また、感嘆の機能についても、近年の感嘆文に関する研究において、「事実」であるという前提（factive presupposition）と関わりが深いことが指摘されている*3。

　上記の表（14）（15）に基づき、実質名詞「こと」の意味から統語的特性の異なる「こと」への意味の拡張や派生関係は、次のように図式化することができる。

(16)「こと」の意味の拡張と派生

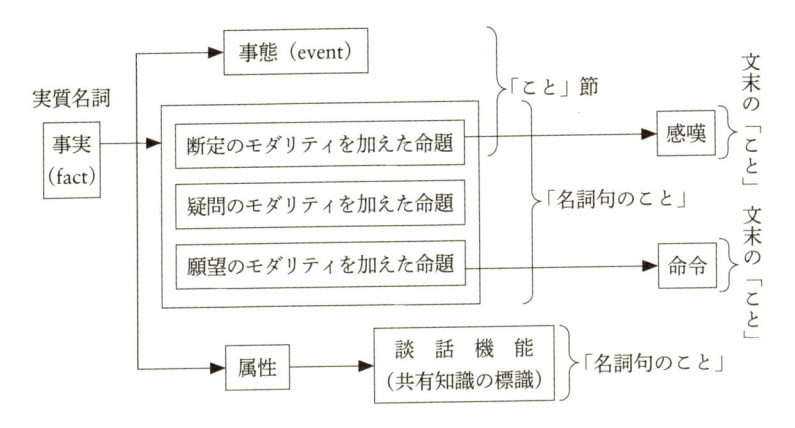

```
実質名詞                                       文末の
         ┌→ 事態（event）        ┐           ┌──┐「こと」
事実     │  ┌──────────┐  │「こと」節  │感嘆│
(fact) ──┼→│断定のモダリティを加えた命題│  ├──────→└──┘  文末の
         │  ├──────────┤  │          「こと」
         │  │疑問のモダリティを加えた命題│  │「名詞句のこと」
         │  ├──────────┤  │          ┌──┐
         │  │願望のモダリティを加えた命題│  ├──────→│命令│
         │  └──────────┘  ┘          └──┘
         │                    ┌─────┐
         └→ 属性 ─────→│ 談話機能 │「名詞句のこと」
                              │(共有知識の標識)│
                              └─────┘
```

　以上のように、本書は、現代日本語における「こと」の「意味内容」と「談話機能」を巡る問題に対して、意味論的観点と語用論的観点から接近を試みたものである。本書によって、「こと」節並びに「名詞句のこと」という名詞句の「意味」と「機能」を解明し、統語的に分布が異なる「こと」の間の意味と機能に関して、異なる「こと」間の重なりやそれぞれの「こと」の有する独自の用法を把握することができた。そして、統語的に異なる特徴をもつ「こと」間の意味の連続性や派生の関係を把握することができた。このような本書の分析によって日本語の意味論、語用論の分野において貢献ができたと考えられる。

　また、このような「こと」の用法、特に名詞句に後続する用法は、日本語特有の言語現象であり、類似の文法体系をもつ韓国語には「일 (il：行為、事)」「사건（saken：事件）」のような実質名詞に対訳される場合を除いて存在しない。日本語の「こと」は、韓国語への翻訳においてずれが生じやすい表現の代表として従来の研究でも指摘されてきた（油谷 2005）。

(17) a.　彼は言うこととすることが一致しない。
　　　　 그 사람은 말과 행동이 일치하지 않는다.
　　 b.　外国に行ったことがありますか。
　　　　 외국에 간 일이 있어요?
　　 c.　実際は彼の言ったことと正反対だった。

사실은 그가 말한 것과 정반대였다.

（油谷 2005: 150 下線は筆者による）

（17）に見るように「こと」は「말（mal：言ったこと）」「일（il：行為、事）」「것（kes：こと）*4」に対応している。この三つのなかで「일（il：行為、事）」「말（mal：言ったこと）」は形式名詞ではなく、実質名詞である点で、日本語の「こと」とは異なる。この三つのうち、名詞句に「こと」が義務的に後続する場合は「일（il）」のみが対応する。例文には示してはいないが、他にも「사건（saken：事件）」ということばも対応する。また、「花子のこと」は「花子について」のような表現に置き換えてほぼ同じ意味を表すことができるが、これは韓国語にも同様に存在する。

（18）一晩中　{*花子φを／花子のことを／花子について} 考えていた。

　　　밤새도록 {하나코φ를／하나코의 일을・?말을・*것을／하나코에 대해서} 생각하였다.

　　　Pamsaytolok {hanako / hanako-uy il-lul・mal-ul・kes-ul / hanako-ey-tayhayse} sayngkakha-yess-ta.

　一方、本書で談話機能を有するとみなした「こと」の場合は、以下の（19）に示されているように、三つの表現のいずれとも対応せず、置き換えると不自然な文になってしまう。（19）の場合、日本語では「花子について」のような表現と置き換えることができないが、この点は韓国語においても同様である。

（19）花子は {太郎φを／太郎のことを／*太郎について} 愛している。

　　　하나코는 {타로φ를／타로의 *것을・?*일을・?*말을／*타로에 대해서} 사랑하고 있다.

　　　Hanako-nun {taro-lul/taro-uy kes-ul/il-ul/mal-ul/taro-ey tayhayse} Salangha-ko iss-ta

　このような両言語に見られるずれを対象とした日韓対照研究は興味深い試みであるが、それを実践するのは今後の課題としたい。そして本書が、日韓対照言語学や韓国語母語話者に対する日本語教育の分野においても、その基盤となるデータを提供することを通して、ささや

かな貢献を果たすことができれば幸いである。

*1　文中の様々な位置に現れる「こと」の意味を比較検討した研究は見当たらないが、「こと」の意味と機能において類似する表現形式である「の」との比較を通して「こと」の意味を捉えようとする試みはいくつか見られる。最近の研究としては、渡邊（2008）が、いわゆる補文標識と称されてきた「こと」と「の」の使い分けに関して通時的観点から意味変化を追及し、そこから得た結果を現代語における「こと」「の」の意味的相違の分析へと結び付けている。また、金水（2008）およびKinsui（2009）では、存在動詞との共起関係を巡って「の」節と「こと」節を比較し、両者の統語的意味的相違が論じられた。そこでも、歴史的な観点を取り込んで分析されている。その他、共時的観点からは「こと」節と「の」節の相違が久野（1973）やJosephs（1976）などで論じられてきた。
*2　ただし共時的観点から標準語の「こと」と秋田方言「トコ」との比較対照を試みた研究が見られる。日高（2003）では、「トコ」の言語変化が標準語の「こと」の用法と関連づけて分析されている。そこでは、本来、秋田方言においては目的語を無助詞で表したが、「トコ」が格関係を明示する機能をするようになったこと、この用法は前接名詞が有情物であるという制約をもっていること、そして同じ制約が標準語の「こと」にも見られるということが報告されている。また「トコ」が文法化していく過程においては年代による「トコ」の使用差が報告された。詳細は日高（2003）を参照されたい。
*3　このような観点から分析した研究としてZanuttini & Portner（2003）とRett（2011）がある。これらの研究では英語の感嘆文について興味深い指摘がなされた。ただし、Rett（2011）はZanuttini & Portner（2003）のfactive presuppositonに関して異なる見解を述べている。詳細はRett（2011）を参照されたい。
*4　韓国語の「것（kes）」に対応する日本語としては、「こと」以外にも「もの」「の」のような形式もある。

参考文献

安達太郎（1995）.「「カ」による従属節の不確定性の表示について」．仁田義雄（編）『複文の研究（上）』, pp. 247–263. くろしお出版，東京．

稲田俊明（1989）.『新英文法選書第 3 巻補文の構造』. 大修館書店，東京．

井上和子（1976）.『変形文法と日本語（上）』. 大修館書店，東京．

Karttunen, L. (1977). Syntax and Semantics of Questions, *Linguistics and Philosophy* 1, pp. 3–44.

公平珠・野家啓一（1979）. 訳『日常言語の論理学』. 産業図書，東京．(Allwood, J., Andersson, L-G., & Dahl, O. (1977). *Logic Linguistics*. Cambridge University Press. の和訳版．)

金 英周（2009）.「述語によって要求される「名詞句のこと」の意味範囲―述語の要求する補文との比較を通して―」．広島大学教育学研究科紀要　第 2 部第 58 号，pp. 175–184.

金 英周・酒井 弘（2010）.「コトの意味の二側面―「こと」節とノコト名詞句の比較を中心に―」. KLS proceedings 30, pp. 132–142.

金 英周（2011）.「現代日本語における「名詞句ノコト」の意味と機能」. 広島大学博士論文，pp. 1–154.

Kim, Y. & Sakai, H. (2013). Reference resolution in discourse with multiple knowledge representations: A view from *NP-no-koto in Japanese. Japanese/Korean Linguistics*, Vol. 21. pp. 139–152.

金水 敏（2008）.「名詞句と存在文―ノ・コト, 準体句, ク語法―」. 大阪大学大学院文学研究科土曜ことばの会（2008 年 4 月 19 日，口頭発表）．

Kinsui, S. (2009). Morphosyntactic Functions of Noun Phrases in Japanese and Their Historical Change, A Talk Presented at International Symposium Methodologies in Determining Morphosyntactic change : Case Studies and Cross-linguistic Applications, (March 5〜6. 2009) at the National Museum of Ethnology, Osaka.

久野 暲（1973）.「「コト」,「ノ」と「ト」」.『日本文法研究』, pp. 137–142. 大修館書店，東京．

Kurafuji, T. (1998). Definiteness of Koto in Japanese and Its Nullification, *RuLing Papers* 1, pp. 169–184.

笹栗淳子（1996）.「現代日本語における「Nのコト」の分析―2 つの用法と「コト」の統語的位置―」.『九大言語学研究室報告』17, pp. 37–46.

笹栗淳子（1999）.「名詞句のモダリティとしてのコト―「Nのコト」と述語の相関から―」.『言語学と日本語教育』, pp. 161–173. くろしお出版，東京．

笹栗淳子・金城由美子・田窪行則（1999）.「心的行為における認識主体と対象との関係」. 日本認知科学会第 16 回大会（http://www.jcss.gr.jp/iccs99OLP/p3-8/

p3-08.htm に掲載).

Zanuttini, R. & Portner, P. (2003). Exclamative clauses: At the syntax-semantics interface. *Language* 79 : 1, pp. 39–81.

Josephs, L. S. (1976). Complementation, In Masayoshi shibatani, ed. *Syntax and semantics 5: Japanese generative grammar*, New York: Academic Press.

Stalnaker, R. C. (1978). Assertion. In P. Cole ed., Syntax and Semantics 9 : Pragmatics, New York: Academic Press.

田窪行則 (1989). 「名詞句のモダリティ」. 『日本語のモダリティ』, pp. 211–233. くろしお出版, 東京.

田窪行則 (1990). 「対話における聞き手領域の役割について」. 日本認知科学会 (編)『認知科学の発展 3』. pp. 67–84. 講談社. 東京.

田窪行則・金水　敏 (1996). 「複数の心的領域による談話管理」. 『認知科学』3, pp. 57–74.

Takubo, Y. (2007). An Overt Marker for Individual Sublimation in Japanese. In Frellsvig, B., Shibatani, M., & Smith, J. C. (Eds.), *Current Issues in the History and Structure of Japanese*, pp. 135–151, Tokyo: Kuroshio Shuppan.

田窪行則 (2010). 「日本語における個体タイプ上昇の顕在的な標識」. 『日本語の構造—推論と知識管理—』, pp. 125–142. くろしお出版, 東京. (Takubo, Y. (2007) の改訂訳版.)

Tamura, S., Hara, Y-J., Kim, Y., & Sakai, H. (2011). Japanese sentential nominalization and different kinds of causation. In Maezawa, H. & Yokogoshi, A. (Eds.), *Proceedings of the 7th Workshop on Altaic Formal Linguistics, MIT Working Papers in Linguistics*. Vol. 62, pp. 91–105.

寺村秀夫 (1968). 「日本語名詞句の下位分類」. 『日本語教育』12 号, pp. 42–57.

寺村秀夫 (1977). 「連体修飾のシンタクスと意味—その 3」. 『日本語・日本文化』6, 大阪外国語大学.

寺村秀夫 (1980). 「名詞修飾部の比較」. 『日英比較講座第 2 巻文法』, pp. 223–266. 大修館書店, 東京.

寺村秀夫 (1981). 「「モノ」と「コト」」. 『馬淵和夫博士退官記念国語学論集』, pp. 743–763. 大修館書店, 東京.

寺村秀夫 (1982). 『日本語のシンタクスと意味 I』, くろしお出版, 東京.

寺村秀夫 (1993). 「連体修飾のシンタクスと意味—その 3—」. 『寺村秀夫論文集 I—日本語文法編—』, pp. 261–296. くろしお出版, 東京.

時枝誠記 (1950). 『日本文法口語編』. 岩波書店, 東京.

西山佑司 (2003). 『日本語名詞句の意味論と語用論—指示的名詞句と非指示的名詞句—』. ひつじ書房, 東京.

Nakau, M. (1973). *Sentenail complementation in Japanese*, Tokyo: Kaitakusha.

中畠考幸 (1990). 「「トイウ」の機能について」. 『阪大日本語研究 2』, pp. 43–55. 大阪大学文学部日本学科 (言語系).

仁田義雄 (1989). 「現代日本語文のモダリティの体系と構造」. 仁田義雄・益岡隆志 (編)『日本語のモダリティ』, pp. 1–56. くろしお出版, 東京.

仁田義雄 (1991). 『現代日本語のモダリティと人称』. ひつじ書房, 東京.

Palmer F. R. (1986). *Mood and Modality*, Cambridge: Cambridge University Press.

Partee, B. (1987). Noun phrase interpretation and type-shifting principles. In *Studies in discourse representation theory and the theory of generalized quantifiers*, ed. J. Groenendijk, D. de Jongh and M. Stokhof, 115–143. Dordrecht: Foris.

Portner, P. (1992). *Situation theory and the semantics of propositional expressions*. Doctoral dissertation, University of Massachusetts, Amherst.

Hamblin, C. L. (1973). Questions in Montague English. *Foundations of Language*, 10: pp. 41–53.

Hara,Y., Kim,Y-J., Sakai, H., & Tamura, S. (2013a). Semantic realization of the layered TP: Evidence from the ambiguity of the sentential koto-nominal. *Japanese/Korean Linguistics*, Vol. 20, pp. 313–327.

Hara,Y., Kim,Y-J., Sakai, H., & Tamura, S. (2013b). Projections of Events and Propositions in Japanese: A Case Study of Koto-Nominalized Clauses in Causal Relations. *Lingua*, vol.133. pp. 262–288.

Heim, I. (1982). *The Semantics of Definite and Indefinite Noun Phrases*, Doctoral dissertation, University of Massachusetts, Amherst.

日高水穂 (2003).「「のこと」とトコの文法化の方向性―標準語と方言の文法化現象の対照研究―」.『日本語文法』3巻1号.

日高水穂 (2006).「「のこと」の機能―話しことばにおける新しい格表示―」. 益岡隆志他（編）『日本語文法の新地平1 形態・叙述内容編』, pp. 83–101. くろしお出版, 東京.

Bittner. M. (1994). Cross-linguistic semantics. *Linguistics and Philosophy* 17: 1, 53–108.

藤田保幸 (1983).「従属句「か（どうか）」の述部に対する関係構成」.『日本語学』2月号, pp. 76–83. 明治書院.

Fauconnier, G. (1985). *Mental Spaces*, Cambridge, MA: MIT Press.（坂原他訳 (1987).『メンタルスペース』. 白水社, 東京.）

前田直子 (1993).「「目的」を表す従属節「するように」の意味・用法―様態用法から結果目的用法へ―」.『日本語教育』79号, pp. 102–113.

前田直子 (1995).「トとヨウニ―思考・発話の内容を導く表現―」, 宮島達夫・仁田義雄（編）『日本語類義表現の文法（下）』, pp. 429–437. くろしお出版, 東京.

前田直子 (2006).『「ように」の意味・用法』. 笠間書院, 東京.

益岡隆志 (1990).「モダリティ」.『講座日本語と日本語教育12 言語学要説（下）』, pp. 71–96. 明治書院, 東京.

益岡隆志 (1991).『モダリティの文法』. くろしお出版, 東京.

益岡隆志 (1997).『新日本語文法選書2：複文』. くろしお出版, 東京.

益岡隆志 (2000).『日本語文法の諸相』. くろしお出版, 東京.

益岡隆志 (2007).『日本語モダリティ探求』. くろしお出版, 東京.

森山卓郎 (1989).「認識のムードとその周辺」.『日本語のモダリティ』, pp. 57–73. くろしお出版, 東京.

油谷幸利 (2005).『日韓対照言語学入門』. 白帝社, 東京.

Rett, J. (2011). Exclamatives, degrees and speechacts, *Linguistics and Philosophy* 34 : 5, 411–442.

渡邊ゆかり (2008).『文補語標識「こと」「の」の意味的相違に関する研究』. 溪水社, 広島.

山岡政紀 (1995).「従属節のモダリティ」. 仁田義雄（編）『複文の研究（下）』, pp. 309–326. くろしお出版, 東京.

山口　登 (1973).「日本語の「こと」についての序説―変形生成文法理論の観点から―」.『福島大学教育学部論集』25 巻 2 号, pp. 43–54.

あとがき

　本書は、2011年3月に広島大学に提出された博士（学術）学位論文に加筆修正を加えたものである。刊行にあたっては、日本学術振興会平成25年度科学研究費補助金（研究成果公開促進費）の交付を受けている。このような形で刊行する幸運に恵まれたのは、願ってもないことである。研究の道はまだまだこれからであるが、学問の面白さと楽しさを経験的に教えてくださった指導教授の酒井弘先生と本書の刊行をともに喜びたい。

　本書は、多くの方々のご指導やご助言、そして多くの先行研究に負うものである。この紙面を借りて御礼を申し上げたい。

　学位論文のご指導をいただいた広島大学の酒井弘先生には感謝しても感謝しきれない。酒井先生からいただいた学問的な恩恵は言葉では言い尽くすことができない。本書の分析の中心となる、意味論や語用論の世界へ導き、その面白さに初めて目覚めさせてくださった酒井先生のご指導がなければ、この研究を今のような内容で完成させることは不可能だったと言っても過言ではない。本書がご恩に少しでも報いるものとなっていれば、この上ない喜びである。

　2002年に碩学招聘教授として慶北大学校を訪問された筑波大学名誉教授の小松英雄先生に厚く御礼申し上げる。小松先生と出会い、「自分にとって研究の目的とは何か」、「私は何を知りたいのか」といった問題を考えさせられる貴重なお話をいただいた。その際の自己省察を契機として、本書のテーマである名詞句とともに現れる「こと」の不思議に気づくことができた。

　慶北大学校大学院の先輩である勝部博之氏には、2002年にこの研究に着手した当時から日本語ネイティブスピーカーとしてデータに関する判断や助言によって、論文の基礎となる部分を形成するのに力を貸していただいた。感謝申し上げたい。

また、学位論文の副指導をいただいた、広島大学教育学研究科の大浜るい子先生、白川博之先生、町博光先生、多和田眞一郎先生に感謝申し上げる。注意が及ばなかったところにまで深く考察することができるよう、刺激になるご指摘や励ましをいただいた。
　学会発表の場では、多くの先生方にご助言やご指摘をいただいた。2008年の言語学会では、慶應義塾大学の杉岡洋子先生にその後の研究の発展に繋がる貴重なご指導ご助言をいただいた。2009年の関西言語学会においては、セッションの司会をされた大阪大学の金水敏先生に、因果関係に関する貴重なコメントをいただいた。京都大学の田窪行則先生には、2010年の言語学会および京都大学における研究会において、多くの建設的なコメントとアドバイスをいただいた。
　本書の内容は多くの先行研究に影響を受けている。なかでも、長崎純心大学の笹栗淳子先生の一連のご研究である「名詞句のモダリティとしてのこと─「Nのコト」と述語の相関から─（1999）」および「心的行為における認識主体と対象との関係（1999）」、田窪行則先生のご論文である「名詞句のモダリティ（1989）」および"An Overt Marker for Individual sublimation in Japanese（2007）"、明海大学の西山佑司先生のご著書『名詞句の意味論と語用論─指示的名詞句と非指示的名詞句─（2003）』、立命館大学の蔵藤健雄先生のご論文である"Definiteness of Koto in Japanese and Its Nullification（1999）"はこの研究に多大な影響を及ぼした。感謝申し上げたい。
　香港市立大学の原由理枝先生および日本学術振興会特別研究員／九州大学の田村早苗氏にも感謝申し上げたい。学位論文執筆にあたっては、お二人のご教授により、形式意味論の考え方に関する理解を深めることができた。心より感謝申し上げたい。
　他にも、現在近畿大学の小野創先生には、統語論や意味論に関する知識を丁寧にご教授いただき、学位論文の執筆にあたっては多くの有益なアドバイスや励ましをいただいた。出版に際しては、広島大学研究員の山田真寛氏に原稿を読んでいただき、重要なアドバイスをいただいた。感謝申し上げる。
　出版にあたっては、ひつじ書房の松本功編集長に多くのご支援を

いただいた。厚く御礼申し上げる。また、原稿を検討してくださった、海老澤絵莉氏、渡邉あゆみ氏にも感謝の意を表したい。特に編集作業にあたっては渡邉あゆみ氏に数多くのアドバイスをいただき、献身的にお世話いただいた。心より御礼申し上げる。

　このように、本書の完成は実に多くの方々のご指導と励ましに負うものであるが、言うまでもなく、本書における間違いや議論の展開の不十分なところはすべて筆者の責任である。

　最後に私事になるが、今の私がいるように、誰よりも信じてくれて、誰よりも沢山の勇気をくれて、病床の上からも応援を惜しまなかった故鄭慶蘭氏に本書を捧げたいと思う。

平成26年1月
金　英周

索引

A–Z

ECM 構文（Exceptional Case-marking Construction） 125
ID function 115, 116
identity 属性 81
wh- 疑問文 23, 24
yes-no 疑問文 23, 24

あ

値 21
イオタ演算子（ι-operator） 85, 88
依存関係構造 31
一次的モダリティ 48, 61
意味機能 21, 46
意味論的機能 85
因果関係 65, 66

か

外延的 57
外延的述語 78, 113, 122
開放文（open sentence） 17, 45
感覚・知覚動詞 55
感覚・知覚の名詞 69
感情述語 78
関数 103
間接疑問 15
間接疑問文 22, 24
間接経験領域 100
間接的知識 100
疑似モダリティ 28
義務的（obligatory） 3
疑問文 13

共有基盤（Common Ground） 123
共有知識 98
共有知識空間 101, 104
形式意味論 84
形式名詞 2
言語表現 79
個体 17, 21, 87
個体タイプ上昇（individual sublimation） 86
個体指示の解釈 111
コト性 3, 11
コト名詞 16, 54
コピュラ文 77, 122
固有名詞 98
語用論的 7

さ

策動的判断 34, 48
指示対象 79, 122
事実 63, 65
指示的 21
指示的解釈 87
指示的名詞句（referential NP） 21, 83
指示的用法 125
事象（eventuality） 57, 86
事態 63, 64
実質名詞 2
集合（set） 17, 45
従属節 30
主節 30
主名詞 55
種類（kind） 90, 91
叙実述語（factive predicate） 65
叙述内容 16

151

真偽値　23
真偽判断　31
真正モダリティ　27
心的行為述語文　108
心的態度　27
随意的（optional）　3
スペース間的用法　96
前提　59
相関関係　39
属性（property）　17, 45
属性的な解釈　111

た

断定判断　35
談話管理理論　98
談話機能　107
知識管理　98
知識空間　101
直示空間　106
直示的場面　93
直接経験領域　100
定（definite）　84
定義文　91
定名詞　6
出来事　12
同一文内関係　72
同格構文　54
同格節　15
同定（ID）原則　96, 124
透明　107
特定性（specificity）　89

な

内包意味論　17
内包述語　111, 125
内包的　57
内包的の述語　78, 122
内容節　15
二次的モダリティ　48, 61
認識的判断　34, 47

は

裸の名詞句　11
発話・思考の名詞　68
非共有知識空間　102, 104
非指示的　21
非指示的名詞句　21
非指示的用法　125
ファイル変化意味論（File Change Semantics）　123
不確定判断　37
複数の心的スペース　107
普通名詞（common noun）　83, 88
不定（indefinite）　85, 89
不定かつ特定（indefinite・specific）　89
不定の名詞　87
不定名詞　91
不透明　107, 108
文外関係　53, 72
文脈　12, 77
変項名詞句　22
包含関係　32
補語名詞句　3, 4
補文　2
補文標識　14

ま

名詞句のモダリティ　99
命題　18, 31, 56, 59
命題関数　22
命題の集合　23
メタ指示　124
メンタル・スペース　94
メンタル・スペース理論　94
モダリティ　31

や

役割　126
余剰的　7

ら

量化された名詞句（quantified NP） 83
量化詞句（quantifier phrase） 122
連体修飾 53
連体節 16

金英周（キム ヨンジュ）

略歴
広島大学大学院教育学研究科博士課程修了。博士（広島大学）。現在、広島大学大学院教育学研究科特任助教。

主な論文
Reference Resolution in Discourse with Multiple Knowledge Representations: A View from NP-no-koto in Japanese. *Japanese/Korean Linguistics*, Vol.21, 2013（共著）、「韓国語ソウル方言における上昇下降音調の語用論的機能—日本語東京方言の終助詞「よ」との比較を通して—」『電子情報通信学会技術研究報告』Vol.113 No.174, 2013 など。

ひつじ研究叢書〈言語編〉第118巻
名詞句とともに用いられる「こと」の談話機能
The Discourse Function of *koto* Used with
a Noun Phrase
Youngju Kim

発行	2014年2月14日　初版1刷
定価	4800円+税
著者	©金英周
発行者	松本功
ブックデザイン	白井敬尚形成事務所
印刷・製本所	株式会社 シナノ
発行所	株式会社 ひつじ書房

〒112-0011　東京都文京区千石2-1-2 大和ビル2階
Tel: 03-5319-4916　Fax: 03-5319-4917
郵便振替 00120-8-142852
toiawase@hituzi.co.jp　http://www.hituzi.co.jp/

ISBN978-4-89476-679-2

造本には充分注意しておりますが、落丁・乱丁などがございましたら、小社かお買上げ書店にておとりかえいたします。
ご意見、ご感想など、小社までお寄せ下されば幸いです。

刊行のご案内

〈日本語研究叢書　第 3 期第 2 巻〉

日本語名詞句の意味論と語用論
指示的名詞句と非指示的名詞句

西山佑司 著　定価 4,700 円＋税

〈ひつじ研究叢書（言語編）　第 112 巻〉

名詞句の世界
その意味と解釈の神秘に迫る

西山佑司 編　定価 8,000 円＋税